Rein ins digitale Vergnügen!

Computerspiele für Senioren

Impressum

Wir hoffen, dass Sie Freude an diesem Buch haben und sich Ihre Erwartungen erfüllen. Ihre Anregungen und Kommentare sind uns jederzeit willkommen. Bitte bewerten Sie doch das Buch auf unserer Website unter www.rheinwerk-verlag.de/feedback.

An diesem Buch haben viele mitgewirkt, insbesondere:

Lektorat Isabella Bleissem
Korrektorat Marita Böhm, München
Herstellung Melanie Zinsler
Typografie und Layout Christine Netzker
Einbandgestaltung Mai Loan Nguyen Duy
Coverbilder shutterstock: 195022958 © venimo, 238938856 © Diana Hlevnjak, 341319878 © dmitriylo, 341319878 © dmitriylo, 749204602 © Bobnevv; iStockphoto: 155096689 © pagadesign, 882987668 © Milkos
Satz weiss.design / zienke.design, Thomas Weiß
Druck und Bindung Media-Print Informationstechnologie, Paderborn

Dieses Buch wurde gesetzt aus der ITC Charter (11,5 pt/17 pt) in Adobe InDesign CC. Gedruckt wurde es auf chlorfrei gebleichtem Offsetpapier (90 g/m²).
Hergestellt in Deutschland.

Das vorliegende Werk ist in all seinen Teilen urheberrechtlich geschützt. Alle Rechte vorbehalten, insbesondere das Recht der Übersetzung, des Vortrags, der Reproduktion, der Vervielfältigung auf fotomechanischen oder anderen Wegen und der Speicherung in elektronischen Medien.

Ungeachtet der Sorgfalt, die auf die Erstellung von Text, Abbildungen und Programmen verwendet wurde, können weder Verlag noch Autor, Herausgeber oder Übersetzer für mögliche Fehler und deren Folgen eine juristische Verantwortung oder irgendeine Haftung übernehmen.

Die in diesem Werk wiedergegebenen Gebrauchsnamen, Handelsnamen, Warenbezeichnungen usw. können auch ohne besondere Kennzeichnung Marken sein und als solche den gesetzlichen Bestimmungen unterliegen.

Bibliografische Information der Deutschen Nationalbibliothek:
Die Deutsche Nationalbibliothek verzeichnet diese Publikation in der Deutschen Nationalbibliografie; detaillierte bibliografische Daten sind im Internet über *http://dnb.d-nb.de* abrufbar.

ISBN 978-3-8421-0513-3

1. Auflage 2019
© Rheinwerk Verlag, Bonn 2019

Vierfarben ist eine Marke des Rheinwerk Verlags. Der Name Vierfarben spielt an auf den Vierfarbdruck, eine Technik zur Erstellung farbiger Bücher. Der Name steht für die Kunst, die Dinge einfach zu machen, um aus dem Einfachen das Ganze lebendig zur Anschauung zu bringen.

Informationen zu unserem Verlag und Kontaktmöglichkeiten finden Sie auf unserer Verlagswebsite www.rheinwerk-verlag.de. Dort können Sie sich auch umfassend über unser aktuelles Programm informieren und unsere Bücher und E-Books bestellen.

Liebe Leserin, lieber Leser,

tüfteln Sie gerne mit Zahlen, Buchstaben oder Formen, messen Sie sich am liebsten mit anderen – ob nun beim Wissensquiz oder Tennismatch –, oder lieben Sie fantasievolle Geschichten, bei denen Sie vom Alltag richtig abschalten können? Dann kommen Sie in diesem Buch garantiert auf Ihre Kosten! Computerspiele sind so vielfältig wie zahlreich. Das ist aber nicht immer nur ein Segen. Rund 80 % aller Spiele sind laut Einschätzung von Experten letztlich für 14-jährige männliche Jugendliche konzipiert. Dabei bietet gerade das digitale Spiel zahllose Möglichkeiten, um insbesondere auch schon lebenserfahrene Menschen geistig anzuregen und intellektuell zu fordern. Wer also auf schrille Technomusik, brutale Gewaltszenen und rasante Bilderwechsel, bei denen Hand und Auge kaum mitkommen, gut und gerne verzichten kann, braucht einen Kompass durch das riesige Angebot.

Schließen Sie sich dazu einfach unserem erfahrenen Autor Rainer Hattenhauer an, spazieren Sie mit ihm durch fremde Welten, schlüpfen Sie in Rollen, treten Sie gegen den Computer an, spielen Sie zu zweit auf dem Smartphone oder auch mit Online-Mitspielern. Unser Autor führt Sie Schritt für Schritt in die unterschiedlichen Spielegenres ein und zeigt Ihnen eine Vielzahl an Spielen, an denen Sie sich sorglos ausprobieren können – häufig kostenlos und ganz ohne technischen Aufwand. Dabei erklärt er natürlich auch immer ganz genau, wie die Spiele funktionieren und wie Sie diese später selbstständig fortführen können.

Dieses Buch wurde mit größter Sorgfalt geschrieben und hergestellt. Sollten Sie dennoch einmal einen Fehler finden oder inhaltliche Anregungen haben, freue ich mich, wenn Sie mit mir in Kontakt treten. Für Kritik bin ich dabei ebenso offen wie für lobende Worte. Doch nun wünsche ich Ihnen viel Freude beim Entdecken Ihrer Lieblingsspiele!

Ihre Isabella Bleissem
Lektorat Vierfarben

isabella.bleissem@rheinwerk-verlag.de

Inhalt

KAPITEL 1
Computerspiele – nur etwas für Kinder und Jugendliche? ... 11

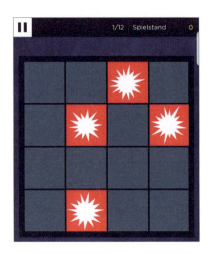

Der Computer – das (neue) Medium fürs Spielen ... 11
Haben Sie Spaß, und tun Sie zugleich etwas für Ihre Gesundheit! ... 14
Gibt es altersgerechte Spiele für Senioren? ... 16
Risiken und Nebenwirkungen? ... 17

Digitales Daddeln – was brauche ich? ... 19

Spielen am PC ... 19
Das benötigen Sie, um Spiele im Browser zu spielen ... 20
Ein Spiel auf dem PC installieren ... 24
Unterwegs spielen mit Smartphone und Tablet ... 29
Hilfsmittel zum Spielen ... 32
Müssen gute Spiele etwas kosten? ... 33
Brauche ich eine teure Spielekonsole? ... 34
Welcher Spielertyp bin ich? ... 35
... und wenn ich bei einem Spiel mal stecken bleibe? ... 36

Inhalt

KAPITEL 3
Geistesblitze frei Haus – gezieltes Gehirntraining ... 39

Sudoku – der Zahlenklassiker ... 39
Kreuzworträtsel 2.0 ... 42
Mit Memory das Gedächtnis stärken ... 45
Memorado – die »Muckibude« für die grauen Zellen ... 49
Noch mehr Gehirnjogging – bringen Sie Ihre grauen Zellen richtig auf Trab ... 55

KAPITEL 4
Abgekartetes Spiel? Kartenspiele und andere Klassiker in neuem Gewand ... 59

Solitaire – Patiencen am Computer legen ... 59
Skat, Poker und Co. ... 64
Mobile Mühle ... 72
Das königliche Spiel ... 74
In der digitalen Kneipe: Flippern wie in alten Zeiten ... 76

KAPITEL 5
Kniffelige Knobelei – Puzzeln, Verschieben und Kombinieren ... 79

Zahlenpuzzles ... 79
Die Konzentration schulen mit Wimmelbildern ... 82
Die Balance halten ... 86
Monumentale Knobelei ... 88
Reines Geduldsspiel – Kintsukuroi ... 90

Inhalt

Mekorama – hilf dem Roboter! 92
The Room – ein Mystery-Puzzle 95
Physik, die Spaß macht: Machinery 98
Brücken bauen wie ein Ingenieur 101
Tetris – der Klassiker der Klötzchenspiele 105

KAPITEL 6
Die Wohlfühloase – Spiele zur Entspannung 109

Proteus 109
Panoramical 112
Das Zium Museum 115

KAPITEL 7
Bildung spielerisch ausbauen 121

Alleswisser statt Besserwisser 121
Wer wird reich 128
Quizduell – messen Sie sich mit anderen Spielern! 130
Das geografische Wissen aufpolieren – mit
Map Quiz 134
Spielerisch Sprachen lernen – mit Babbel und Co. 135

KAPITEL 8
Musik ist Trumpf 139

Erkennen Sie die Melodie? 139
Sing's noch einmal, Sam! Karaoke für die goldene
Generation 143
Das virtuelle Tonstudio 148

Inhalt

KAPITEL 9
Hüpfen, Rennen und ein bisschen Ballern – Jump-and-Run-Spiele 155

Super Mario – der flinke Klempner 155
Den Vogel abschießen – mit Angry Birds 161
Hill Climb Racing – mit dem Auto durch die Luft 164
Auf der Jagd nach Leos Vermögen 167
Cuphead – Ballerei im Comicland 170

KAPITEL 10
Die Jagd nach dem digitalen Diamanten – Abenteuer- und Rollenspiele 175

Abenteuer in Paris – Baphomets Fluch 175
Lumino City – ein Spiel wie ein lebendiges Buch 182

KAPITEL 11
Das Runde muss ins Eckige – Sportspiele 189

Golf – nicht nur für Manager und Ärzte 189
Fußball – breitentauglich auch in digitaler Form 194
Tennis 200

KAPITEL 12
Spannende Rennen – zu Lande, zu Wasser und in der Luft 205

Rasant mit dem Buggy um die Häuser 205
Feucht-fröhlicher Spaß: Riptide GP 210

Inhalt

Frei wie ein Vogel 214

KAPITEL 13
Große Dinge bewegen – Simulationsspiele 219

Den eigenen Bauernhof managen 219
Die eigene Lokomotive steuern 226
Der tierische Simulator – werden Sie zur Ziege! 230

KAPITEL 14
Mit Weitblick – Strategie- und Aufbauspiele 235

Ein Imperium aufbauen – Age of Empires 235
Von der Steinzeit in die Zukunft – Forge of Empires 246
Voll das Leben – »Die Sims« 253

KAPITEL 15
Gemeinsam macht's noch mehr Spaß – mit Freunden spielen 267

Das kleinste Multiplayer-Spiel: Glow Hockey 267
Challenge Your Friends – die Spielekollektion für die Zweisamkeit 269
Kurzstreckenfunk – Bluetooth- und WLAN-Spiele 276
Aufforderung zum Tanz – Bounden 281

KAPITEL 16
Spieleklassiker in digitalem Gewand   287

Catan – das Spiel 287
Carcassonne 299

KAPITEL 17
Spielen auf dem nächsten Level – Spielekonsolen und die virtuelle Realität 307

Eine Spielekonsole – wäre das etwas für mich? 307
Der Controller – das Herz einer Konsole 311
Beliebte Konsolenspiele 313
Die nächste Generation des Computerspiels:
VR – virtuelle Realität 319

Stichwortverzeichnis 325

KAPITEL 1

Computerspiele – nur etwas für Kinder und Jugendliche?

Das Spielen liegt in der Natur des Menschen. Bereits unsere Ururahnen, die Neandertaler, bauten sich ihre eigenen Spielzeuge aus Knochen und Flintstein. Die alten Römer kannten bereits Spielwürfel, und im 12. Jahrhundert wurden die ersten Spielkarten in Asien erfunden. Darüber hinaus lieben Menschen seit ewigen Zeiten die kunstvolle Ausgestaltung von Geschichten. Diese können – spielerisch erzählt – dazu beitragen, dass man dem Alltag in virtuellen Welten entfliehen und bestmöglich entspannen kann. Seit Menschengedenken vertreiben wir uns also die Zeit mit Spielen – und lernen dadurch.

»Leute hören nicht auf zu spielen, weil sie alt werden, sie werden alt, weil sie aufhören zu spielen!«

Sir Oliver Wendell Holmes, amerikanischer Arzt und Schriftsteller

Der Computer – das (neue) Medium fürs Spielen

Seit Erfindung des Computers steht uns Menschen eine universelle Spieleplattform zur Verfügung, die es gestattet, in beliebige Welten abzutauchen und in verschiedene Charaktere zu schlüpfen. Mein erster Kontakt mit dem Medium »Computerspiel« begann in den 70er-Jahren des vergangenen Jahrhunderts, als ein in heutiger Sicht völlig unspektakuläres Spiel namens *Pong* das Licht der Welt erblickte. Bei

Kapitel 1: Computerspiele – nur etwas für Kinder und Jugendliche?

diesem Spiel galt es, mithilfe zweier virtueller Schläger, die als einfache Rechtecke daherkamen, einen quadratischen Ball über den Bildschirm zu dirigieren. Die notwendige Hardware war ein mysteriöses kleines Kästchen, welches an den Antenneneingang eines Röhren-TV-Geräts angeschlossen wurde. Die Spielidee hört sich trivial an, hat uns aber als Kinder stundenlang beschäftigt. Selbst meine Eltern und Großeltern waren damals nicht mehr vom Bildschirm loszureißen, so viel Spaß bereitete ihnen der digitale Wettkampf.

Pong ist der Vater aller Computerspiele.
Bildquelle: *Wikipedia*

Der C64 war einer der ersten sog. Heimcomputer, also ein Rechner, den sich die breite Bevölkerung Anfang der 80er-Jahre leisten konnte.

Unter einem Joystick versteht man ein Eingabegerät, mit dessen Hilfe man Handbewegungen des Anwenders an ein Spiel weiterreichen kann.

Einige Jahre später erschien dann in Form der *VCS 2600* die erste Spielekonsole von Atari. Darauf beschäftigten uns *Space Invaders* und *Pac-Man* rund um die Uhr. Die Geburt des Heimcomputers *C64* geriet zur weiteren Offenbarung: Durch exzessives Reißen und Rütteln am *Joystick* in den beliebten Spielen *Summer*- bzw. *Wintergames* – eine Umsetzung der Olympischen Spiele in digitaler Form – mussten Pixelmännchen bewegt werden. So mancher Joystick wurde bei den hektischen Aktionen verschlissen. Durch die frühen Abenteuerspiele wie beispielsweise *Monkey

Island oder *Indiana Jones* gewann man einen ersten Eindruck davon, was es bedeutet, sich in virtuellen Welten zu bewegen.

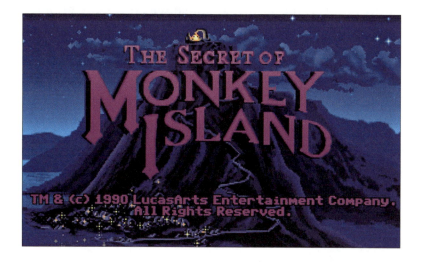

Monkey Island – der Ahne aller Abenteuerspiele am Computer
Bildquelle: *https://classicreload.com/secret-of-monkey-island.html*

Und nie werde ich vergessen, welche unbändige Freude ich verspürte, als ich den ersten Flugsimulator auf dem Apple II bediente. Bereits die ursprüngliche Version vermochte mir das Gefühl perfekt zu vermitteln, dass ich als Kapitän mit einer Boeing 747 einen echten Flughafen ansteuere.

Ready for Take-off – per Flugsimulator abheben
Bildquelle: *Wikipedia/Flight Gear*

Kapitel 1: Computerspiele – nur etwas für Kinder und Jugendliche?

Mobil spielen: heute (Smartphone) und gestern (Game Boy)

In den 90er-Jahren wurden Computerspiele durch den *Game Boy* und vergleichbare kleine Geräte schließlich mobil. Soziale Netzwerke haben in jüngerer Vergangenheit dafür gesorgt, dass Browserspiele wie *Farmville* populär wurden.

Der Game Boy wurde letztlich durch Smartphone und Tablet als mobile Plattform abgelöst.

Haben Sie Spaß, und tun Sie zugleich etwas für Ihre Gesundheit!

Auch wenn die Namen der im letzten Abschnitt genannten Spiele für Sie (noch) böhmische Dörfer sind – seien Sie unbesorgt! Ich zeige Ihnen immer Schritt für Schritt, wie Sie die Spielvorschläge umsetzen. Und auch beim Spielen werden Sie schnell Fortschritte machen. Aus dem riesigen Angebot habe ich für Sie diejenigen Spiele ausgesucht, die weder zu schrill in der Darstellung noch zu laut sind. Denn schließlich sollen die Spiele Sie nicht schon durch ihr Design und ihre Aufmachung ermüden und somit überfordern, sondern im Gegenteil Ihre Lebensqualität steigern. Auch auf Spiele, die ein extrem schnelles Reaktionsvermögen erfordern, aber ansonsten wenig Lerneffekte bieten, verzichten wir hier. Schnelligkeit ist ohne Zweifel das Privileg der Jugend. Wir wollen aber mehr erreichen und vor allem den Spaß am Spiel nie verlieren, denn um den geht es ja.

Die Forschung ist sich schon etwas länger einig darüber, dass Computerspiele gerade im Alter viele positive Nebeneffekte haben können:

- Durch digitales Gehirnjogging, also die Schulung des logischen wie räumlichen Denkens mithilfe geeigneter Spiele, wird die geistige Kapazität mobilisiert.
- Personen mit einer Einschränkung der Mobilität vermitteln Computerspiele wieder das Gefühl, beweglich zu sein. Die Hirnfunktionen für die Motorik werden auf diese Weise wieder stimuliert – das könnte zumindest im Ansatz helfen, Schwindel und Stürze zu reduzieren.
- Auch Balanceübungen schulen in diversen ausgewählten Spielen die Motorik.
- Computerspielen soll im Alter vor Demenz schützen, wie kürzlich durchgeführte Studien ergeben haben (siehe dazu etwa https://www.wired.de/collection/science/computerspiel-ein-schnelligkeitstraining-koennte-demenz-verhindern).
- Computerspiele ermöglichen es, sich online Gleichgesinnten anzuschließen, sodass neue Bekanntschaften gemacht werden können.
- Durch das gemeinsame digitale Spielvergnügen lassen sich enge Bande mit den Kindern und Enkeln knüpfen.

Computerspiele fördern den Intellekt und das Wohlbefinden!

Computerspiele schaffen eine Verbindung zwischen den Generationen.
Bildquelle: Shutterstock: 584257810 © wavebreakmedia

Kapitel 1: Computerspiele – nur etwas für Kinder und Jugendliche?

Gibt es altersgerechte Spiele für Senioren?

Selbstverständlich! Die Gruppe der sog. *Silver Gamer* – das sind Spielerinnen und Spieler mit silbergrauem Haupthaar – wird immer größer, wie die folgende Statistik eindrucksvoll zeigt. Doch da die Industrie hier noch hinterherhinkt, ist es nicht immer leicht, auch das richtige Spiel ausfindig zu machen.

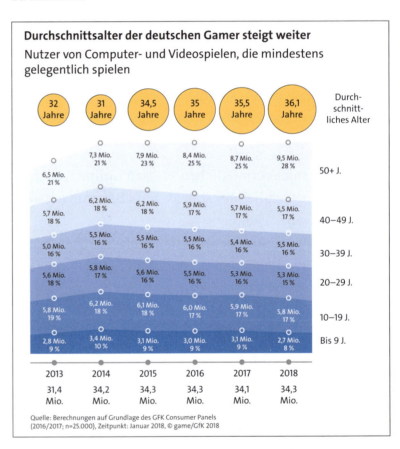

Bildquelle: *www.game.de* (eigene Darstellung)

Was macht also ein Computerspiel zu einem »Computerspiel für Senioren«? Das mag jeder anders beantworten, für mich sind dabei u. a. folgende Kriterien leitend:

- Das Spiel sollte leicht zu beschaffen und zu installieren sein. Gerade als Einsteiger wollen Sie ja sicher nicht Aufwand und Kosten haben für etwas, das Sie noch gar nicht kennen.
- Das Spielprinzip sollte nicht allzu anspruchsvoll in Bezug auf die Bedienung des Computers bzw. Smartphones oder Tablets sein. Ich schicke Sie also sicher nicht in ein Baller- oder Rennspiel, in dem jede Zehntelsekunde eine Reaktion erforderlich ist.
- Das Spiel sollte jederzeit unterbrochen und ohne Verlust des Spielfortschritts wieder aufgenommen werden können. Sie selbst sollen also bestimmen können, wann Sie eine Pause einlegen möchten.
- Die Spielsteuerung sollte keine große Herausforderung für die Motorik darstellen.

Risiken und Nebenwirkungen?

Sicher haben Sie auch schon davon gehört, dass Computerspielen süchtig machen kann, und vielleicht war das mit ein Grund dafür, warum Sie sich bislang noch gar nicht auf diesem Terrain bewegt haben. Mittlerweile wird die Onlinespielsucht laut Weltgesundheitsorganisation WHO sogar als richtige Krankheit anerkannt. Aber lassen Sie sich davon nicht gleich wieder einschüchtern. Nicht jeder, der mit Freude und Elan dabei ist, ist gleich spielsüchtig, und im Unterschied zu einem unreifen und heranwachsenden Menschen, der hier weit gefährdeter ist, besitzen Sie die nötige Reife, um mögliche »Gefahren« rechtzeitig zu erkennen. Damit Sie dem gleich im Ansatz vorbeugen können, sind vielleicht folgende Regeln ganz nützlich:

- Setzen Sie sich ein zeitliches Limit für Ihre Ausflüge in die digitalen Spielewelten: Gönnen Sie sich nach einer halben Stunde eine Pause, und spielen Sie täglich nie mehr als ein, zwei Stunden.
- Spielen Sie nie spätabends: Infolge des bläulich schimmernden Lichts des Smartphone-Displays und des PC-Monitors könnten Sie sich Schlafprobleme einhandeln.
- Vernachlässigen Sie durch das Spiel nicht Ihre echten sozialen Kontakte. Ihr virtueller Freund im Onlinespiel namens *Kratos367* wird Ihre realen Freunde nie ersetzen können.
- Sorgen Sie, wenn Ihnen das möglich ist, im Alltag für genügend Bewegung, denn diese lässt sich durch einen Pseudo-Sprint in einer Fußballspielsimulation natürlich nicht ersetzen.

So, nun aber genug der Mahnungen, Sie wollen ja schließlich Spaß haben. Tauchen Sie mit mir in den folgenden Kapiteln ein in die bunte faszinierende Welt der Computerspiele!

KAPITEL 2
Digitales Daddeln – was brauche ich?

Die gute Nachricht: Aller Wahrscheinlichkeit nach haben Sie die notwendigen Werkzeuge zur digitalen Entspannung schon in Reichweite – sei es in Form eines PCs, Tablets oder Smartphones, welches bequem mit aufs Sofa genommen werden kann. Wer sich dann später zu Höherem berufen fühlt, wird sich sicher auch einmal auf dem etwas unübersichtlichen Terrain der (zugegeben teuren) *Spielekonsolen* umsehen. Grundsätzlich brauchen Sie aber zunächst einmal kein Geld in die Hand zu nehmen, um als Einsteiger tolle Spiele zu spielen.

Spielen am PC

Die klassische digitale Computerspielwiese ist der gute alte PC – egal, ob Apple Mac oder Windows-PC. Ich gehe nachfolgend davon aus, dass sich ein solches Schmuckstück in Ihrem Haushalt befindet. Es gibt zweierlei Möglichkeiten, auf einem derartigen fest stationierten (PC mit einem zusätzlichen Monitor und einer Extratastatur) oder auch tragbaren Rechner (Laptop bzw. Notebook) zu spielen:

»Es genügt nicht, zum Fluss zu kommen mit dem Wunsche, Fische zu fangen. Man muss auch das Netz mitbringen.«
Chinesisches Sprichwort

Kapitel 2: Digitales Daddeln – was brauche ich?

Auf dem PC bzw. Notebook installierte Spiele brauchen meist keine Internetverbindung.

Spielen kann man auch online, im Browser. Dann muss das Spiel nicht installiert werden.

> **MERKE**
> Für Browserspiele benötigt man zwingend einen Internetanschluss.

Der Chrome-Browser von Google ist bestens gerüstet für Browserspiele.

- Sie installieren ein Spiel permanent auf Ihrem Rechner. Derartige lokale Spiele laufen in der Regel auch ohne Internetverbindung.
- Sie spielen ein Spiel per Internetbrowser. Das ist ein Programm, welches in der Lage ist, Internetseiten darzustellen. Beispiele für Browser sind *Google Chrome*, *Microsoft Edge* und *Mozilla Firefox*.

Im Folgenden zeige ich Ihnen beide Varianten jeweils an einem Beispiel.

Das benötigen Sie, um Spiele im Browser zu spielen

Die einfachste Variante des Computerspiels ist das Browserspiel. Alles, was Sie dazu benötigen, sind ein PC mit Internetanschluss sowie einer der oben genannten Browser. Ich empfehle an dieser Stelle allerdings Googles Browser *Chrome*, denn dieser ist für alle gängigen Betriebssysteme erhältlich und bringt u. a. das für viele Spiele erforderliche *Flash-Plug-in* – eine spezielle Erweiterung, die bei anderen Browsern noch nachinstalliert werden muss – gleich mit.

Lassen Sie uns also (falls noch nicht geschehen) zunächst Chrome auf Ihrem PC installieren:

1. Rufen Sie in einem beliebigen Browser, der auf Ihrem PC bereits vorhanden ist (Microsoft Edge oder auch Mozilla Firefox), die Internetseite *https://www.google.de/chrome/* auf, und klicken Sie auf die Schaltfläche **Chrome herunterladen**.

Das benötigen Sie, um Spiele im Browser zu spielen

2. Installieren Sie den Chrome-Browser, indem Sie die heruntergeladene Datei im Ordner *Downloads* doppelt anklicken und den weiteren Anweisungen des sog. Installationsassistenten folgen. Das kennen Sie sicher schon von der Installation anderer Programme.

Chrome herunterladen

Installationsdatei im *Downloads*-Ordner doppelt anklicken

Lieber doch den gewohnten Browser verwenden?

Sie möchten doch lieber Ihren gewohnten Browser verwenden und Chrome nicht installieren? Einige Browser benötigen zur Darstellung von Spielen das Hilfsprogramm Adobe Flash. In diesem Fall klicken Sie auf den dann erscheinenden Link **Get Adobe Flash Player**, um das Programm zusätzlich zu installieren.

Nachdem Sie den Chrome-Browser installiert haben, testen wir gleich einmal ein recht einfaches Browserspiel. Es ist das Spiel *Pong*, welches Ihnen bereits im ersten Kapitel begegnet ist. Anhand dieses Spiels lernen Sie einige Kniffe zum Spielen per Browser kennen.

Pong im Browser spielen

Ziel des Spiels ist es, einen kleinen Ball mithilfe eines rechteckigen Schlägers im Spiel zu halten. Den Schläger bewegen Sie entweder per Tastatur oder Maus.

1. Starten Sie den Browser Chrome, und begeben Sie sich durch Eingabe von *https://www.atari.com/arcade#!/arcade/pong/play* in die Adresszeile auf die Seite des Spieleherstellers Atari bzw. zum Spiel Pong.

Auf *atari.com* finden Sie eine Vielzahl klassischer Videospiele.

21

Die meisten Browserspiele werden durch Werbung finanziert.

Lassen Sie sich von der reichhaltigen Werbung auf der Seite nicht irritieren: Auf diese Weise verdienen Anbieter von kostenlosen Browserspielen ihr Geld.

> **ACHTUNG**
>
> Die Verwendung des Adobe Flash Players im Internet ist nicht ganz frei von Risiken, daher müssen Sie der Verwendung zustimmen. Wenn Sie Flash aber nur für die getesteten Seiten zulassen, kann nichts passieren.

2. Klicken Sie mit der Maus auf das Feld **Start Game** ❶. Beim ersten Aufruf müssen Sie auch beim Chrome-Browser auf das nun erscheinende Feld **Get Adobe Flash Player** ❷ klicken. Danach werden Sie gefragt, ob Sie die Ausführung von Flash, das ja bereits in Chrome vorinstalliert ist, gestatten möchten. Bestätigen Sie den Dialog durch Anklicken der Schaltfläche **Zulassen** ❸.

3. Nun müssen Sie sich eine Weile gedulden, da ein kleiner Werbeblock folgt. Nach ca. einer Minute startet das eigentliche Spiel.

4. Ziel des Spiels ist es, den kleinen weißen Ball ❹ mithilfe des blauen Balkens (der Schläger) ❺ gegen einen Computergegner (den roten Balken ❻) im Spiel zu halten bzw. zu versuchen, ihn am Gegenspieler vorbeizubewegen. Dazu haben Sie folgende Möglichkeiten:

Das benötigen Sie, um Spiele im Browser zu spielen

Pong per Tastatur steuern

Entweder per Pfeiltasten ...

- Klicken Sie mit der Maus auf das Spielfeld links, und bewegen Sie die Maus nach oben oder unten. Dadurch bewegt sich auch der Schläger in die entsprechende Richtung.
- Verwenden Sie zur Bewegung des Schlägers die ↑ - und ↓ -Tasten Ihrer Tastatur.
- Verwenden Sie die Taste S , um den Balken nach unten zu bewegen, und W , um den Balken nach oben zu bewegen. Die Vorwärts-rückwärts-rechts-links-Navigation mithilfe der A-S-D-W-Tasten ist den Spielern der ersten Generation in Fleisch und Blut übergegangen.

Sie werden überrascht sein, wie entspannend das Spiel trotz oder gerade wegen seines einfachen Prinzips sein kann. Leider ist es äußerst schwer, gegen den Computergegner einen Punkt zu machen. Wenn Sie ein Spiel komplett neu beginnen möchten, dann lassen Sie einfach einige Bälle »ins Leere« laufen und klicken anschließend auf die Schaltfläche **Play again**.

... oder per Buchstabentasten wie die alten Spielprofis: A = links, D = rechts (beide Tasten werden für Pong nicht benötigt), S = unten, W = oben. Dieses erläuternde Menü erreichen Sie über die Schaltfläche **Controls** (7 auf Seite 22) im Hauptmenü des Spiels.

23

Probleme mit Flash?

Sollte Ihr Browser bei der Verwendung von Flash-Inhalten »herumzicken«, dann schauen Sie sich folgende Seite zur Problemlösung an: *https://www.netzsieger.de/ratgeber/flash-player-aktivieren-fuer-alle-browser*. Aber keine Sorge, aufgrund der erwähnten Sicherheitslücken von Adobe Flash verwenden viele Anbieter mittlerweile zur Darstellung von Spielinhalten das deutlich sicherere HTML5.

Ein Spiel auf dem PC installieren

Diese Variante ist für Sie die zweitbequemste: sich einfach ein Computerspiel irgendwo aussuchen (z. B. im Internet oder Elektronikfachhandel) und es dann selbst auf dem PC installieren. Der Vorteil dabei ist, wie gesagt, dass Sie dafür nicht unbedingt eine Internetverbindung benötigen (siehe dazu auch den Kasten auf Seite 27). Für den einfachen Einstieg wählen wir das mittlerweile kostenlose, einst überaus beliebte *Moorhuhn*-Spiel. Eine kleine Warnung vorweg: Tierschützer könnten eventuell die Spielidee anstößig finden, aber bedenken Sie: Es handelt sich nachfolgend um rein digitale Tiere.

Moorhuhn auf dem PC installieren

1. Starten Sie einen Browser Ihrer Wahl (für die Installation des Spiels spielt es keine Rolle, welcher Browser verwendet wird), und suchen Sie mit Google nach den Stichwörtern »moorhuhn remake download«. Sie werden diverse Seiten finden, auf denen das Spiel zum (kostenlosen) Herunterladen angeboten wird. Achten Sie vor dem Anklicken des Downloadlinks darauf, dass es sich um eine seriöse Seite wie z. B. *chip.de* handelt.

Ein Spiel auf dem PC installieren

2. Nach dem Herunterladen des Spiels finden Sie eine ausführbare Datei unter Windows im Verzeichnis *Downloads*. Öffnen Sie diese Datei per Doppelklick. Darauf startet der selbsterklärende Installationsassistent. Folgen Sie seinen Anweisungen durch Anklicken der Schaltfläche **Weiter** ❶. Es genügt in der Regel, die einzelnen Fragen einfach zu bestätigen.

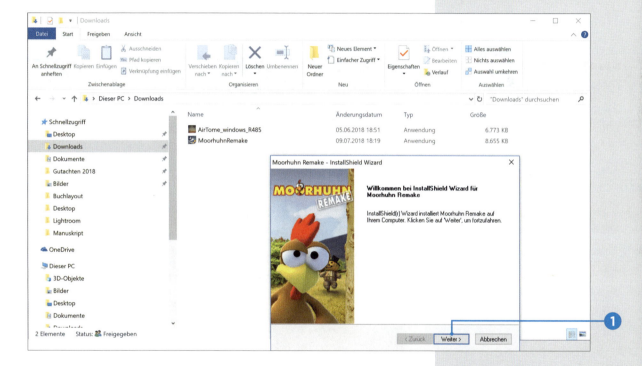

3. Klicken Sie am Schluss auf die Schaltfläche **Fertig stellen**, und das Spiel befindet sich nun auf Ihrem PC.

4. Starten Sie das Spiel, indem Sie entweder auf den entsprechenden Eintrag im Startmenü klicken oder das Schlüsselwort »moorhuhn« in die Suchmaske am unteren Bildrand ❷ eingeben. Bei der Installation wird außerdem ein Symbol auf dem Desktop abgelegt, mit dessen Hilfe das Spiel per Doppelklick gestartet werden kann.

Kapitel 2: Digitales Daddeln – was brauche ich?

> **MERKE**
> Das Moorhuhn-Spiel wird entweder über das Startmenü oder durch Eingabe des Namens in die Suchmaske (siehe Seite 25) gestartet.

Das Spielprinzip
Linker Mausklick = schießen, rechter Mausklick = nachladen

Das Spielprinzip ist sehr einfach:

1. Von links und rechts kommen die Moorhühner in den Bildausschnitt hineingeflogen. Ihre Aufgabe ist es, diese zunächst mit dem Fadenkreuz ❶ durch Verschieben der Maus ins Visier zu nehmen. Gezielt wird per Mausbewegung, »geschossen« wird durch Drücken der linken Maustaste. Je weiter ein Huhn auf dem Bildschirm entfernt ist, desto mehr Punkte gibt es.

2. Nach einiger Zeit werden Sie Ihre Munition verschossen haben. Dann betätigen Sie einfach die rechte Maustaste, und Ihre virtuelle Schrotflinte wird nachgeladen. Den Patronenstand erkennen Sie am rechten unteren Bildrand ❷.

3. Ziel des Spiels ist es, innerhalb einer vorgegebenen Zeit so viele Moorhühner wie möglich zu »terminieren« und dadurch Punkte zu sammeln. Die verbleibende Zeit erscheint auf dem Bildschirm oben links ❸, die erzielte Punktzahl sehen Sie oben rechts ❹.

4. Nach dem Abschluss einer Runde können Sie sich noch in den sog. *Highscore* eintragen. Diese Liste zeigt die bisherigen Bestleistungen an.

Wie bereits gesagt: Kein Spiel für Tierfreunde, aber ich verspreche Ihnen, dass Moorhuhn das einzige »Schieß- & Ballerspiel« sein wird, das ich Ihnen im Laufe des Buches vorstellen werde.

Im Highscore kann man sich in einer Bestenliste verewigen.

> **Benötige ich zum Spielen unbedingt einen Internetanschluss?**
> Nun, für das klassische Moorhuhn-Spiel sicher nicht, aber selbstverständlich für alle browsergestützten Spiele. Außerdem gibt es einige Spiele, bei denen Sie sich per Internet mit anderen Spielern messen können.

Für die meisten Spiele gibt es eine zentrale Anlaufstelle im Internet, um Computerspiele zu finden und zu installieren: Es ist die Plattform *Steam* vom Anbieter *Valve*. Das Tolle an Steam ist, dass Sie die dort erworbenen Spiele auf verschiedenen Betriebssystemen (Windows, macOS, Linux) nutzen können.

Mit dem Programm Steam Computerspiele finden

Wenn Sie in den Genuss von Steam kommen möchten, gehen Sie folgendermaßen vor:

1. Begeben Sie sich per Browser auf die Seite *https:// store.steampowered.com*.

Kapitel 2: Digitales Daddeln – was brauche ich?

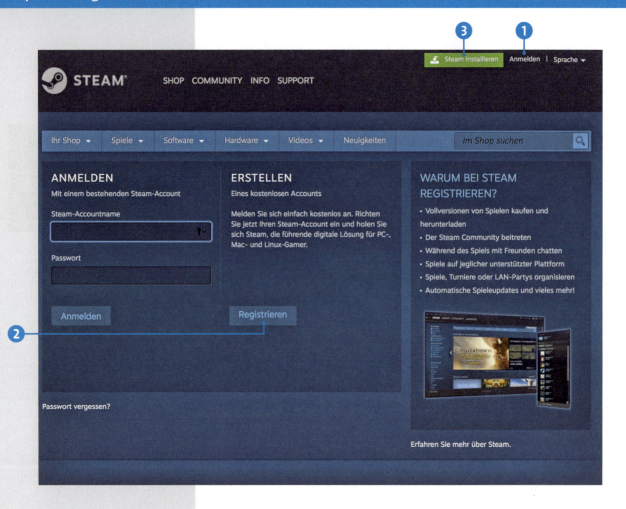

2. Klicken Sie rechts oben im Fenster auf **Anmelden** ❶. Sie werden auf eine Seite weitergeleitet, auf der Sie sich durch Anklicken der Schaltfläche **Registrieren** ❷ bei Steam anmelden können.

3. Nach der Anmeldung klicken Sie einfach auf **Steam installieren** ❸. Dadurch wird das für Ihr Betriebssystem passende Installationsprogramm heruntergeladen.

4. Unter Windows führen Sie nun einfach einen Doppelklick über die Installationsdatei im Verzeichnis *Downloads* durch. Dadurch wird Steam auf Ihrem PC installiert.

5. Starten Sie die Steam-Anwendung, und loggen Sie sich mit Ihren Zugangsdaten ein. Nun stehen Ihnen alle angebotenen Spiele von Steam zur Verfügung. Bezahlt wird in der Regel mit einem PayPal-Konto.

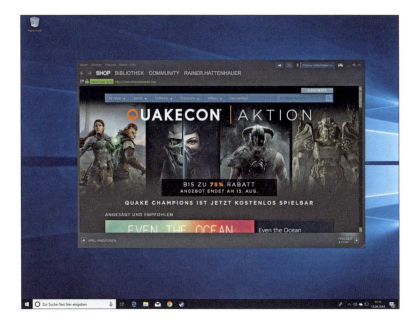

Das Steam-Hilfsprogramm unter Windows

Ich werde Ihnen im Verlauf des Buches einige Spiele vorstellen, die Sie per Steam installieren können.

Unterwegs spielen mit Smartphone und Tablet

Auch auf Reisen müssen Sie auf das digitale Spielvergnügen nicht verzichten: Mobile Geräte wie Smartphone und Tablet eignen sich bestens, um sich langweilige Zug- und Flugzeugreisen zu versüßen. Sowohl für Smartphones und Tablets mit Android als auch für die entsprechenden Apple-Geräte (iPhone und iPad) gibt es eine schier unglaubliche Menge interessanter Computerspiele.

Das Smartphone – der moderne Game Boy

Kapitel 2: Digitales Daddeln – was brauche ich?

Hauptanlaufstelle sind dabei die jeweiligen *App Stores*: Das sind an das Internet angebundene Läden, in denen die entsprechenden Apps erhältlich sind. Diese müssen aber nicht unbedingt etwas kosten.

Wenn Sie Ihr Smartphone bzw. Tablet erstmals in Betrieb nehmen, dann wird dabei ein spezielles Konto eingerichtet, mit dem Sie den App Store Ihres jeweiligen Systems nutzen können. Für Android-Geräte ist das der *Google Play Store*. Wenn Sie ein iPhone oder ein iPad besitzen, dann ist das der *Apple App Store*. Für beide Stores gibt es jeweils spezielle Verknüpfungen auf Ihrem mobilen Gerät. Nachfolgend zeige ich Ihnen beispielhaft, wie man eine App aus dem Google Play Store auf einem Android-Smartphone installiert. Die Vorgehensweise ist beim iPhone bzw. iPad analog mit dem einzigen Unterschied, dass Sie sich in diesem Fall in Apples App Store begeben.

> **MERKE**
> *App* ist die Kurzform von *Application* und bedeutet Programm.

1. Tippen Sie auf das *Play Store*-Symbol in der App-Übersicht Ihres Smartphones.

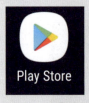

2. Geben Sie in die Suchmaske die Begriffe »labyrinth lite« ein, und wählen Sie gleich den ersten Treffer ❶ durch Antippen aus.

Unterwegs spielen mit Smartphone und Tablet

3. Tippen Sie im nächsten Dialog auf die Schaltfläche **Installieren** ❷.

Das Spiel wird nun umgehend auf Ihr Smartphone befördert. Dabei handelt es sich um ein Geschicklichkeitsspiel, das intensiven Gebrauch von den Neigungssensoren Ihres Mobilgeräts macht:

1. Starten Sie das Spiel durch Antippen des Symbols in der App-Übersicht ❸, und betätigen Sie kurz nach dem Start den Knopf **Play**.

2. Wählen Sie im nächsten Schritt die Option **Demo Level** aus.

3. Versuchen Sie, die silberne Kugel ❹ in das schwarz-weiß karierte Feld ❺ durch Neigen Ihres Smartphones zu bringen. Das bringt insbesondere die Feinmotorik Ihrer Hände auf Trab.

Das Spiel befindet sich nach der Installation in der App-Übersicht.

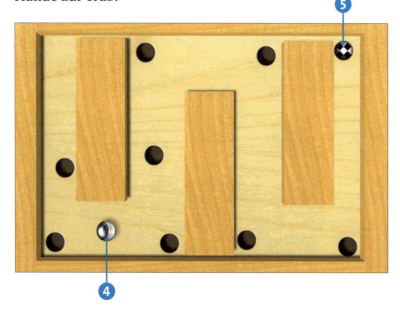

Bei Labyrinth Lite muss das Runde mal ausnahmsweise nicht ins Eckige, sondern in das Karierte.

Kapitel 2: Digitales Daddeln – was brauche ich?

Hilfsmittel zum Spielen

Einige Methoden zur Steuerung eines Computerspiels haben Sie ja bereits kennengelernt:

- am PC mit der Tastatur
- am PC durch Bewegen und Klicken mit der Maus
- auf dem Smartphone bzw. Tablet durch Neigung

Es gibt aber deutlich mehr Möglichkeiten, die Spielsteuerung durch spezielle Hardware zu vereinfachen. Allen voran der *Joystick* (ein einfacher elektronischer Steuerknüppel) und das *Game Pad* (oft auch nur *Controller* genannt), das mehrere Steuerknöpfe umfasst (siehe dazu die Abbildung unten). Auch nachgebaute Autolenkräder und Pedale lassen sich für Autorennspiele an einen PC über den sog. USB-Anschluss anschließen. Durch Verwendung der Extra-Hardware kann man sich dann bei aktionsgeladenen Spielen besser auf den eigentlichen Spielverlauf konzentrieren. Seien Sie aber unbesorgt: Die im vorliegenden Buch beschriebenen Spiele lassen sich allesamt mit »Bordmitteln« (sprich: Tastatur, Maus, Neigungs- und Wischgesten beim Smartphone) bedienen.

Das Werkzeug der Computerspiel-Zauberer: der Controller einer Sony PlayStation 4

Müssen gute Spiele etwas kosten?

Eindeutige Antwort: Nein! Mittlerweile ist der Markt voll von exzellenten Spielen, die Sie kostenlos spielen können. Wo der Haken ist? Die sog. *Free to Play*-Spiele sind meist mit Werbung versehen.

Wen das stört, der kann entweder eine Vollversion des Spiels gegen Geld erwerben oder das Spiel kostenpflichtig freischalten lassen. Auch zeichnen sich Bezahlversionen dadurch aus, dass sie mehr Spielstufen als die sog. *Lite-Versionen* bieten (*Lite* bedeutet wörtlich »leicht«, meint aber, wie gesagt, eher die zur Verfügung stehenden Spielmöglichkeiten als das Anspruchsniveau). Wenn Ihnen also ein Lite-Spiel besonders gut gefallen hat, dann sollten Sie darüber nachdenken, in die Vollversion zu investieren. Ich stelle im vorliegenden Buch nach Möglichkeit immer die kostenlosen (Einstiegs-)Spiele vor.

> **MERKE**
> Sie können die kostenlose Lite-Version eines Spiels gegen Bezahlung in eine Vollversion umwandeln.

Die Vollversion unseres Labyrinth-Smartphone-Spiels ist durchaus erschwinglich.

Und was muss man für Kaufspiele anlegen?

- Smartphone- und Tablet-Spiele gibt es bereits für wenige Euro.
- Computerspiele sind meist im zweistelligen Eurobereich angesiedelt. Hier lohnt es sich, nach schon etwas betagten Spielen zu forschen, die es meist recht günstig gibt.

Kapitel 2: Digitales Daddeln – was brauche ich?

- Aktuelle *Konsolenspiele* gibt es ab 50 €, etwas ältere Titel können Sie bereits ab 20 € im Elektronikfachhandel erwerben. Mehr zu Spielekonsolen erfahren Sie im nächsten Abschnitt.

Brauche ich eine teure Spielekonsole?

Sicher haben Sie auch einige Jugendliche oder Junggebliebene in Ihrem Verwandten- und Bekanntenkreis, die auf sog. Spielekonsolen schwören. Dabei handelt es sich um hochspezialisierte Computer, die nur zum Zweck des Spielens entwickelt wurden. Die klare Aussage hierzu lautet: Nein, Sie benötigen keine Konsole, denn wenn das so wäre, dann würden Sie sicher nicht dieses Buch in den Händen halten.

Konsolen sind etwas für Spielprofis. Dennoch werde ich Ihnen am Ende des Buches einen kleinen Vorgeschmack geben, was man mit den Spielekonsolen so alles anstellen kann. Momentan geht es in erster Linie darum, Sie in die doch ganz eigene Materie des Computerspiels anhand von einfachen Beispielen einzuführen.

Die PlayStation 4 (kurz: PS4) von Sony ist die meistverkaufte Spielekonsole aller Zeiten. Bildquelle: Sony

Das Erscheinungsbild aktueller PlayStation-Spiele ist überwältigend. Die Spiele sind aber für Einsteiger in der Regel noch zu schwierig.

Welcher Spielertyp bin ich?

Das herauszufinden ist die Aufgabe, bei der Ihnen das vorliegende Buch mit Rat und Tat zur Seite stehen möchte. Denn es gibt eine Reihe von sehr unterschiedlichen Spielarten, und vielleicht finden Sie an einigen besonderes Vergnügen, während andere Ihnen so gar nicht gefallen. Ganz grob lassen sich folgende Klassen definieren:

- **Der Knobler und Tüftler** liebt es, schwierige Puzzle-Probleme durch blankes Nachdenken zu lösen.
- **Der Klassiker** ist auf der Suche nach Brett- und Kartenspielen, die er bereits aus seiner Kindheit kennt.
- **Der Entspannungssuchende** möchte beim Spielen einfach nur abschalten. Schwierige Probleme stören da nur.
- **Der Abenteuerlustige** folgt Indiana Jones und Co. auf ihren spannenden virtuellen Abenteuern. Auch hier sind Knobelfähigkeiten gefragt.
- **Der Wissbegierige** möchte seine Bildung spielerisch erweitern.
- **Der Hyperaktive** bewegt sich kletternd, laufend und hüpfend durch einen digitalen Parcours und versucht, dabei so viele Belohnungen wie möglich zu ergattern.

Kapitel 2: Digitales Daddeln – was brauche ich?

- **Der Sportliebhaber** ist auf Fußballplätzen und Rennbahnen zu Hause, kickt mit den Besten der Besten und steuert rasante Formel-1-Boliden.
- **Der Simulierende** ist nicht zu verwechseln mit einem Simulanten. Vielmehr steht bei ihm die Simulation eines komplexen Systems, wie z. B. eines Bauernhofs beim beliebten Landwirtschaftssimulator, im Vordergrund.
- **Der Gesellige** sucht Anschluss über sog. *Multiplayer*-Schnittstellen mit Gleichgesinnten in aller Welt. Diese Spieler nutzen dazu das Internet, um gemeinsam Probleme und Aufgaben zu lösen oder aber im Wettbewerb gegeneinander anzutreten.

Aus jeder genannten Kategorie werden Sie in den folgenden Kapiteln des Buches diverse Repräsentanten kennenlernen, sodass Sie sich dann sehr schnell in ein Lieblingsgebiet einordnen und dieses weiterverfolgen können.

Das Multiplayer-Smartphone-Spiel Quizduell hat es sogar mit der gleichnamigen Sendung bis ins Fernsehen geschafft. Dabei treten die Spieler über das Internet gegeneinander an.

… und wenn ich bei einem Spiel mal stecken bleibe?

Stellen Sie sich die Spielbeispiele, die ich Ihnen in den folgenden Kapiteln vorstellen werde, wie Appetithäppchen vor: Ich zeige Ihnen, wie man ein bestimmtes Spiel beginnt, und begleite Sie bei Ihren ersten Schritten. Komplett durchkämpfen müssen Sie sich danach aber schon selbst. Was nun, wenn Sie einmal nicht mehr weiterkommen? Dann haben Sie grundsätzlich zwei Möglichkeiten:

- Halten Sie per Google Ausschau nach sog. *Walkthroughs* für Abenteuer. Dabei haben selbst ernannte Spieletester das betreffende Spiel von vorne bis hinten durchgespielt und beschreiben, wie man es »durchwandert« (= engl.

… und wenn ich bei einem Spiel mal stecken bleibe?

walk through). Eine entsprechende Google-Suchanfrage für das Spiel *Baphomets Fluch* sähe beispielsweise so aus: »walkthrough baphomets fluch« oder auch »lösung baphomets fluch«. Überhaupt ist Google ideal, wenn es darum geht, Tipps und Tricks für ein bestimmtes Spiel zu erhalten.

Ein *Walkthrough* ist die Lösungsbeschreibung eines Spiels.

- Für die meisten aktuellen Spiele gibt es sog. *Let's Play*-Videos (auf Deutsch: »Lasst uns spielen«) auf YouTube. Dabei wandert der Ersteller Schritt für Schritt per Videoaufzeichnung durch ein Computerspiel. Um sich beispielsweise die komplette Lösung des Puzzlespiels *Monument Valley* auf YouTube anzusehen, begeben Sie sich auf *www.youtube.de* und geben in die Suchmaske »let's play monument valley« ein.

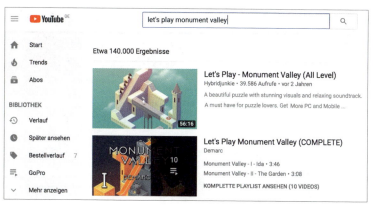

37

YouTube kann englische Videos automatisch mit deutschen Untertiteln versehen.

- Bei englischen Beiträgen wie im vorliegenden Fall können Sie sich übrigens den automatischen YouTube-Untertitelgenerator zunutze machen: Klicken Sie dazu beim Abspielen des Videos auf die Untertitelschaltfläche ❶, und wählen Sie durch Anklicken der Schaltfläche **Einstellungen** ❷ die gewünschte Zielsprache der Untertitel aus (in unserem Fall also Deutsch).

Zocken bedeutet im Internetjargon »computerspielen«.

- Aber keine Sorge: Die überwiegende Mehrzahl der im Buch behandelten Spiele steht in deutscher Sprache zur Verfügung, und auch die zugehörigen Lösungen, Walkthroughs und Let's Plays, liegen bei Google und auf YouTube in deutscher Sprache vor. Man findet übrigens per YouTube-Suche nach dem Begriff »Senioren zocken« einen äußerst informativen Kanal, auf dem sich jung gebliebene Seniorinnen und Senioren mit aktuellen Computerspielen beschäftigen – das mag Sie zusätzlich für Ihr eigenes Spielen inspirieren.

Eine tolle Anlaufstelle auf YouTube sind die Videos der Computerspielsenioren auf dem Kanal *Senioren Zocken*.

KAPITEL 3
Geistesblitze frei Haus – gezieltes Gehirntraining

Das kennen Sie sicher noch von den eigenen Eltern oder Großeltern. Die hielten sich stets geistig fit mit den beliebten Kreuzworträtseln aus der Zeitung oder anderen Knobeleien per Stift und Zettel. Das dicke Kreuzworträtselbuch können Sie nun auf Reisen getrost zu Hause lassen – ein Laptop mit Internetanschluss und Browser oder ein Smartphone bzw. Tablet, gefüttert mit den richtigen Apps, erfüllen denselben Zweck.

»Was ist der Körper, wenn das Haupt ihm fehlt?«
William Shakespeare

Sudoku – der Zahlenklassiker

Beginnen wir mit einem echten Knobelklassiker, der sicher auch schon einmal Ihren Weg gekreuzt hat: *Sudoku*, das beliebte japanische Zahlenrätsel. Der folgende Kasten erläutert noch einmal kurz, worum es hier geht.

Sudoku: die Regeln
Ihnen stehen die Ziffern 1 bis 9 zur Verfügung, mit denen Sie neun Teilquadrate ausfüllen müssen, die ein großes Gesamtquadrat bilden. In jedem Teilquadrat darf jede Ziffer nur einmal vorkommen, ebenso in jeder Spalte und jeder Zeile des großen Gesamtquadrats. Einige Ziffern wurden bereits vorausgefüllt. Man kann nun in Detektivarbeit darauf schließen, welche Ziffern in die leeren Kästchen gehören.

Kapitel 3: Geistesblitze frei Haus – gezieltes Gehirntraining

Was mittlerweile in jeder Tageszeitung zu finden ist, gibt es natürlich auch online:

Diese Ziffern sind vorgegeben.

1. Begeben Sie sich mit einem Browser auf eine beliebige Internetseite, die Sudokus anbietet, z. B. auf *https://sudoku.zeit.de*. Wählen Sie hier zunächst die Stufe **Leicht** ❶, und klicken Sie anschließend auf die Schaltfläche **Spielen** ❷.

Die gepunkteten blauen Ziffern könnten für die freien Felder infrage kommen.

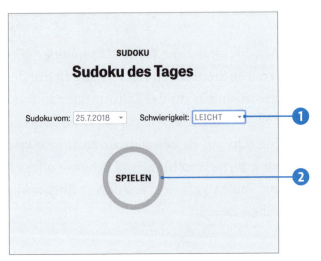

2. Versuchen Sie, die Felder nach den vorgegebenen Regeln auszufüllen (siehe das Beispiel links). Ihnen stehen dabei folgende Hilfsmittel zur Verfügung:

3. Durch Anklicken der Schaltfläche **Kandidaten** ❸ können Sie zunächst per Tastatur oder durch Anklicken einer Zahl aus der Zahlenreihe auf dem Bildschirm ❹ einige Ziffern eingeben, die für das entsprechende Feld in Betracht kommen. Diese erscheinen dann klein gedruckt.

Und so sieht dann die einzig richtige Lösung aus! Bildquelle: *https://commons.wikimedia.org/w/index.php?curid=22920149, 19843405, 19844308*, Wikipit – Eigenes Werk, CC BY-SA 3.0

Sie werden rasch feststellen, dass für einige Felder lediglich eine einzige Ziffer infrage kommt. Heben Sie in diesem Fall durch Anklicken die Markierung der Schaltfläche

Kandidaten wieder auf, und tragen Sie die entsprechende Zahl durch direktes Eintippen oder durch Anklicken der Zahl in der Zahlenreihe unter dem Sudoku ein.

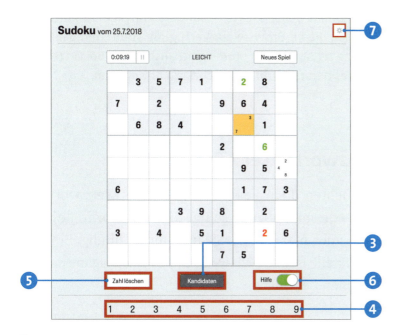

> **MERKE**
> Kandidaten erscheinen klein gedruckt, richtig eingetragene Ziffern grün, falsch eingetragene Ziffern rot.

4. Im Beispiel wurde z. B. die Ziffer 6 im mittleren rechten Quadrat richtig bestimmt. Diese wird daher grün dargestellt. Die Ziffer 2 im unteren rechten Quadrat kann hingegen nicht richtig sein, da diese im selben Quadrat schon einmal vorkommt. Sie wurde daher rot dargestellt. Falsche Ziffern können Sie jederzeit löschen, indem Sie das entsprechende Feld durch Anklicken markieren und auf die Schaltfläche **Zahl löschen** 5 klicken.

5. Wer darüber hinaus Hilfestellungen benötigt, der aktiviert die Schaltfläche **Hilfe** 6. Über das Zahnradsymbol 7 können Sie sich u. a. auch noch einmal die Regeln des Spiels erklären lassen.

Sudoku auf dem Smartphone spielen

In den App Stores für Android-Smartphones und iPhones (iOS) finden Sie entsprechende Spielvarianten für unterwegs. Ich empfehle hier z. B. die App *Sudoku Meister* für Android bzw. *Pure Sudoku* für iOS.

Kapitel 3: Geistesblitze frei Haus – gezieltes Gehirntraining

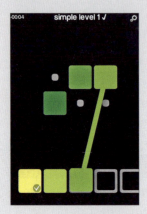

Bei Blendoku werden die Farben nach ihrem Farbgrad geordnet. Ziehen Sie dazu auf Ihrem Smartphone die Farben in der richtigen Reihenfolge per Finger von oben auf die Felder am unteren Bildrand.

> **Sudoku für Fortgeschrittene**
>
> Sie lieben die besondere Herausforderung? Dann sollten Sie sich einmal *Killer-Sudoku (http://www.ps-heine.de/killersudoku-online-spielen*, eine besonders knifflige Variante des Sudoku, die im Browser zur Verfügung steht) und *Blendoku* (das es als App in den Stores gibt) anschauen. Bei Letzterem geht es darum, Farbfelder richtig zu arrangieren.

Kreuzworträtsel 2.0

Sie möchten doch lieber das gute alte Kreuzworträtsel lösen – diesmal aber in seiner digitalen Form. Kein Problem – auch hier werden Sie im Internet fündig. Eine gute Anlaufstelle ist beispielsweise die Onlineausgabe der Süddeutschen Zeitung.

1. Begeben Sie sich mit dem Browser auf *http://www.sueddeutsche.de/tools/spiele/kreuzwortraetsel*.

2. Klicken Sie nacheinander auf die weißen Felder, und geben Sie nach den üblichen Regeln für Kreuzworträtsel den jeweils richtigen Buchstaben ein.

Kreuzworträtsel 2.0

3. Die Buchstaben in den umkreisten Feldern ergeben ein Lösungswort – dieser Typ Kreuzworträtsel wird auch als *Schwedenrätsel* bezeichnet. Die Buchstaben werden automatisch in die unterhalb des Kreuzworträtsels vorgegebenen Felder eingetragen ❶.

4. Auch hier gibt es wieder einige Lösungshilfen: **Leeren** ❷ startet das Rätsel von vorn, **Fehler** ❸ markiert falsch eingetragene Wörter, **Lösen** ❹ präsentiert Ihnen die Komplettlösung des Rätsels – aber das wollen Sie ja nicht, oder?

Das Standardschwedenrätsel ist Ihnen zu bieder? Wie wäre es dann mit einem sog. *Zahlenrätsel*? Hier finden Sie Felder, in denen jeweils eine Zahl steht – und zwar aus dem Zahlenbereich von 1 bis 26. Jede Zahl steht dabei für einen Buchstaben aus dem Alphabet, allerdings nicht in der üblichen Reihenfolge. Die Zahlen sind so durch Buchstaben zu ersetzen, dass sich jeweils sinnvolle Wörter ergeben. Alan Turing, der Informatiker, der den komplexen Code der Verschlüsselungsmaschine Enigma geknackt hat, hätte daran wohl seine helle Freude gehabt.

1. Begeben Sie sich per Browser auf die Seite *http://www.raetselonkel.at/HTML5/letters/letters.html*. Hier finden Sie ein typisches Zahlenrätsel.

2. Am unteren Bildrand sind schon einige Buchstaben bzw. Zahlenzuordnungen zu finden. Tragen Sie die vorgegebenen Buchstaben in die entsprechenden Zahlenfelder im Kreuzworträtsel ein.

Das war schon immer meine Taktik: nur die Bereiche lösen, aus denen sich das Lösungswort ergibt. Wird die Schaltfläche **Fehler** ❸ angeklickt, so erscheinen die falschen Begriffe rot markiert – hier außerdem erkennbar an dem sinnfreien Lösungswort ❶.

Bei Zahlenrätseln wird jedem Buchstaben eine bestimmte Zahl zugeordnet.

Im ersten Schritt werden sämtliche vorgegebenen bekannten Buchstaben durch Anklicken in die zugehörigen Zahlenfelder eingetragen. Danach sucht man sinnvolle Wörter, die sich aus den eingetragenen Buchstaben ergeben.

Kapitel 3: Geistesblitze frei Haus – gezieltes Gehirntraining

3. Versuchen Sie nun, aus dem Buchstabengerüst Wörter sinnvoll zu ergänzen. Jeder Buchstabe entspricht dabei eindeutig einer Zahl (im vorliegenden Fall ist der Buchstabe E die Zahl 12, das T die Zahl 13 usw.). Einige Buchstaben des Alphabets kommen in diesem Beispiel nicht vor (daher sind es hier nur 22).

4. Falls Sie nicht weiterkommen, können Sie sich durch die Schaltfläche **Prüfen** ❶ Gewissheit darüber verschaffen, ob Sie bestimmte Buchstaben bzw. Zahlenzuordnungen richtig geraten haben. Die Ultima Ratio ist natürlich der Klick auf die Schaltfläche **Auflösung** ❷.

Auch nett und ebenfalls beim *Rätselonkel* auf *http://www.raetselonkel.at/HTML5/bout/bout.html* zu finden: die sog. *Blindfeldsuche*. Dabei müssen Sie blinde Trennbuchstaben in einem bereits ausgefüllten Kreuzworträtsel ausfindig machen und diese durch Anklicken markieren. Ein Beispiel für ein bereits gelöstes Rätsel zeigt die folgende Abbildung:

Gehen Sie zur Lösung des Blindfeldrätsels folgendermaßen vor:

1. Klicken Sie auf denjenigen Buchstaben, von dem Sie vermuten, dass dies ein Trennbuchstabe ist. Im vorliegenden Beispiel wäre dies etwa das A in der linken Spalte: Es trennt die Wörter »Ski« und »Pan«.

2. Fahren Sie so fort, bis Sie alle Trennbuchstaben identifiziert haben. Von links nach rechts, oben nach unten gelesen ergibt sich dann der Lösungssatz. Im vorliegenden Fall ist dies »Zu satt macht matt«.

Mit Memory das Gedächtnis stärken

Haben Sie Enkelkinder? Dann wissen Sie sicher, dass diese Ihnen beim guten alten *Memoryspiel* haushoch überlegen sind. Höchste Zeit also, ins digitale Trainingslager zu gehen und sich für das nächste Duell mit dem Nachwuchs zu rüsten.

Kapitel 3: Geistesblitze frei Haus – gezieltes Gehirntraining

Decke zwei gleiche Karten nacheinander auf!

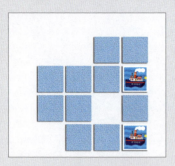

Bildquelle: Ravensburger

Memory – das Spielprinzip

Ziel des Memoryspiels ist es, aus einem Haufen verdeckter Karten gleiche Kartenpaare herauszufischen. Dazu decken Sie zwei Karten auf. Sind die Karten identisch, so dürfen Sie diese behalten. Stimmen sie hingegen nicht überein, so werden die Karten an derselben Stelle wieder umgedreht. Man muss sich somit die Position der Karten nach dem Verdecken gut merken. Gewonnen hat derjenige, der die meisten Kartenpaare durch Aufdecken gewonnen hat. In der Onlinevariante gilt es, so viele Kartenpaare wie möglich in einer vorgegebenen Zeit zu entdecken.

> **WAS TUN?**
> Wie das Flash-Plug-in aktiviert wird, lesen Sie im Abschnitt »Das benötigen Sie, um Spiele im Browser zu spielen« ab Seite 20.

Beginnen wir zunächst mit einer Browservariante des Spiels. Für den folgenden Link sollten Sie den Browser Chrome verwenden und auf Nachfrage das Flash-Plug-in aktivieren.

1. Rufen Sie im Internet die Seite *http://www.jetztspielen.de/spiel/mrs_radvellis_memo_game* auf.

2. Überspringen Sie die erste Werbeanzeige über den Schalter **Skip Ad**, oder warten Sie einfach 15 Sekunden ab.

3. Bestätigen Sie die Nachfrage, dass das Flash-Plug-in ausgeführt werden soll, durch Anklicken der entsprechenden Schaltfläche ❶.

4. Überspringen Sie die nächste Werbeanzeige über **Skip Ad**. (Sie sehen schon: Die Werbung bei kostenlosen Spielen kann recht nervig sein!)

Mit Memory das Gedächtnis stärken

5. Klicken Sie auf die Schaltfläche **start new game** ❷, und schon geht's los. Finden Sie so schnell wie möglich zusammengehörige Kartenpaare durch Anklicken der Karten.

> **ACHTUNG**
> Sie spielen gegen die Zeit!

Sie möchten Memory ohne die lästige Werbung spielen und dazu auch noch mobil sein? Dann bietet sich eine Smartphone- bzw. Tabletversion an. Die Ravensburger AG hat den Zug der Zeit erkannt und bietet das klassische Memory für 2,99 € im Google Play Store bzw. im Apple App Store zum Download an. Installieren Sie das Spiel gemäß der Anleitung aus Kapitel 2.

1. Starten Sie das Spiel durch Antippen des entsprechenden Symbols auf Ihrem Mobilgerät.

2. Wählen Sie zunächst die Option **Klassisch** (❶ auf Seite 48), und suchen Sie sich im folgenden Dialog ein Themengebiet für die Bildmotive aus ❷.

> **WAS TUN?**
> Wenn Sie nicht mehr genau wissen, wie Sie eine App aus dem jeweiligen Store installieren, lesen Sie bitte im Abschnitt »Unterwegs spielen mit Smartphone und Tablet« ab Seite 29 nach.

Kapitel 3: Geistesblitze frei Haus – gezieltes Gehirntraining

3. Geben Sie schließlich noch an, mit wie vielen Memorykarten Sie spielen möchten. Ich wähle nachfolgend das einfache Set mit 16 Karten ❸.

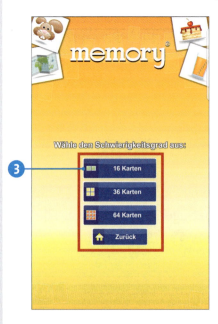
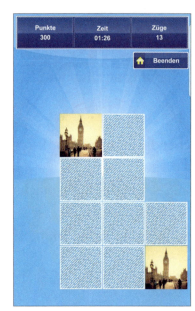

Und dann kann es auch schon losgehen: Drehen Sie die Karten durch einfaches Antippen auf Ihrem Mobilgerät um, und versuchen Sie, so schnell wie möglich alle Paare aufzudecken. Ziel ist es, in möglichst kurzer Zeit mit möglichst wenig Spielzügen alle Karten aufzudecken.

Memorado – die »Muckibude« für die grauen Zellen

Wer ein ausgefeiltes Gehirntraining durchführen möchte, das bestimmte Fähigkeiten gezielt fördert, der sollte sich unbedingt einmal die Seite *memorado.de* anschauen. Die ersten Übungen sind kostenlos. Möchte man aber am Ball bleiben, so ist es erforderlich, ein nicht ganz billiges Abo abzuschließen. Schauen wir uns zunächst einmal die prinzipielle Struktur der Seite an:

1. Begeben Sie sich per Chrome bzw. einem anderen Browser mit Adobe-Flash-Erweiterung auf *www.memorado.de*, und scrollen Sie ganz nach unten. Dort finden Sie die Schaltfläche **Kostenlos Gehirnleistung testen**. Klicken Sie diese an.

2. Nun werden Sie zunächst durch einen Fragebogen geführt, bei dem der Anbieter herausfinden möchte, welche hirnspezifischen Fähigkeiten Sie gern trainieren möchten. Klicken Sie die entsprechenden Felder an.

Kapitel 3: Geistesblitze frei Haus – gezieltes Gehirntraining

Memorado trainiert gezielt verschiedene kognitive Eigenschaften.

3. Nach der Bearbeitung des Fragenkatalogs werden Sie schließlich dazu aufgefordert, ein Profil für sich auf *memorado.de* zu erstellen. Alternativ können Sie sich bei Memorado auch mit Ihrem Facebook-Profil anmelden.

Ein Profil ist wichtig, um Ihre Lernfortschritte kontrollieren zu können.

4. Klicken Sie nach dem Ausfüllen der entsprechenden Felder auf die Schaltfläche **Kostenloses Gehirntraining starten** ❶. Es folgen nun einige persönliche Fragen, z. B. nach Ihrem Geburtsdatum und Alter.

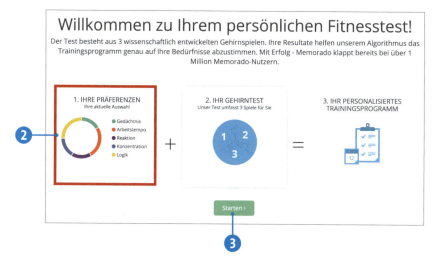

5. In einer Übersicht wird die Auswahl der Lernfelder noch einmal gezeigt ❷. Der eigentliche Test beginnt durch Anklicken der Schaltfläche **Starten** ❸. Gegebenenfalls werden Sie dazu aufgefordert, Adobe Flash zu aktivieren. Danach werden Sie per Assistent durch verschiedene Tests geleitet.

Die Aufgaben sind oft praxisorientiert.

Alternativ zur Browservariante können Sie Memorado auch auf einem Mobilgerät nutzen. Installieren Sie dazu einfach die Memorado-App aus Ihrem App Store, und melden Sie sich mit Ihren soeben festgelegten Zugangsdaten an.

Die Memorado-Tests bzw. Übungen sind sehr einfach strukturiert und werden stets durch eine kleine Beispielsequenz erklärt. Folgende Tests sind beispielsweise zu finden:

- **Verwirrende Farben**: Es erscheint jeweils ein Farbwort (blau, grün etc.), das in einer Farbe dargestellt wird. Stimmen Farbe und Wortbedeutung überein, so müssen Sie die Schaltfläche **Ja** drücken, anderenfalls **Nein**. Hier sollten Sie natürlich **Nein** drücken – das Wort **Blau** ist in grüner Schrift dargestellt.

- **Ballchaos**: Es tauchen einige farbige Bälle auf, die Sie mit Ihren Augen fixieren müssen. Nach kurzer Zeit erscheinen weitere Bälle. Dann stoppen alle Bälle die Bewegung, und ihre Farbmarkierung verschwindet. Sie müssen nun durch Antippen zeigen, welche Bälle sich zuerst im Spielfeld befanden.

Memorado – die »Muckibude« für die grauen Zellen

- **Power Memory**: Eine leichte Abwandlung des bekannten Memoryspiels: Es erscheinen gefärbte Karten oder Kartenpaare, die zunächst offen und kurze Zeit später verdeckt dargestellt werden. Durch Antippen müssen Sie entweder die vorgefärbten Karten oder die zusammengehörenden Paare identifizieren bzw. aufdecken. In höheren Leveln werden die Karten nach dem Verdecken auch gedreht oder vertauscht – eine besondere Herausforderung!

Power Memory – die etwas andere Form des Memoryspiels

Kapitel 3: Geistesblitze frei Haus – gezieltes Gehirntraining

Achtsamkeit bedeutet, die Umgebung bewusster wahrzunehmen und sich auf die schönen Dinge des Lebens zu konzentrieren.

Ommmm – finden Sie Ihre innere Mitte!

Von Zeit zu Zeit werden Sie auch zu Achtsamkeitsübungen aufgefordert. Dabei sollen Sie bestimmte Dinge auf dem Bildschirm per Finger verfolgen, aber auch auf Gedankenreise gehen. Dies kann gerade an stressigen Tagen ungemein entspannend sein!

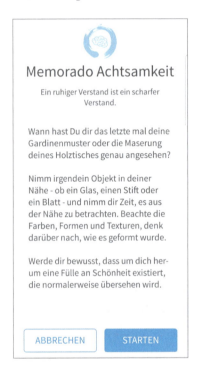 

Der Preis ist heiß ...

Leider ist das Vergnügen bei der Vollversion mit uneingeschränktem Zugang auf alle Spiele nicht gerade günstig. Der Anbieter verlangt für drei Monate im Abo 30 €, der Jahreskurs schlägt mit 50 € zu Buche, und für ein unbefristetes lebenslanges Abonnement muss man mit 99 € recht tief in die Tasche greifen. Dieser Preis relativiert sich aber, wenn man bedenkt, dass man mit einem Abo etwas für die geistige Gesundheit tut. Schließlich scheuen Sie sich ja auch nicht davor, im Fall des Falles ein teures Grippemittel zu kaufen.

Noch mehr Gehirnjogging – bringen Sie Ihre grauen Zellen richtig auf Trab

Viele junge Menschen rennen mit Begeisterung in Fitnessstudios, um ihre Körper zu stählen. Dass der Geist aber ebenfalls trainiert werden will, möchte niemand so recht wahrhaben.

Der erste Mensch, der mit dem Wort »Gehirnjogging« in Verbindung gebracht wurde, war der japanische Neurologe Ryūta Kawashima. Er erlangte weltweit Bekanntheit mit dem Spiel *Dr. Kawashimas Gehirnjogging*. Dieses war auf der mobilen Spielekonsole Nintendo DS seinerzeit ein wahrer Renner. Heute finden Sie ähnliche Übungen in diversen Smartphone-Apps, von denen ich Ihnen nachfolgend zwei besonders gelungene vorstellen möchte: *NeuroNation* und *Peak*.

Bildquelle: Nintendo

> **WAS TUN?**
> Wie Sie eine App aus dem App Store installieren, lesen Sie bitte im Abschnitt »Unterwegs spielen mit Smartphone und Tablet« ab Seite 29 nach.

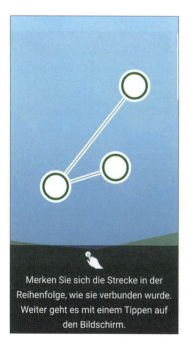

Einstufungstraining bei NeuroNation

Verbinden Sie die Punkte aus dem Gedächtnis mit vorgegebenen Streckenzügen!

Kapitel 3: Geistesblitze frei Haus – gezieltes Gehirntraining

Beim Gedächtnis- und Gehirntraining *NeuroNation* müssen Sie ähnlich wie bei Memorado (siehe ab Seite 49) im Verlauf eines Einstufungstrainings ein Konto anlegen. Die Übungen behandeln kombinierte Gedächtnis-Haptik-Einheiten, sodass Fingerfeinmotorik und Geist gleichermaßen gefordert sind. Mit einer Abo-Gebühr von 15 € für drei Monate ist das Spiel allerdings auch kein echtes Schnäppchen.

Beim *Peak-Gehirntraining* (das Anlegen eines Kontos ist hier ebenfalls erforderlich) gibt es folgende Einzeldisziplinen:

- **Word Fresh** (Sprachtraining): Entdecken Sie Worte, die in einer Buchstabenmatrix enthalten sind. Je länger das gefundene Wort ist, umso mehr Punkte erhalten Sie. Die Wörter können dabei auch in unterschiedlichen Richtungen gelesen werden.

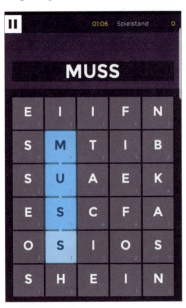

- **Low Pop** (Problemlösung): Tippen Sie auf die erscheinenden Zahlen in der Reihenfolge ihrer Größe. Das kann schwierig werden, wenn negative Zahlen auftauchen.

- **Perilous Path** (Gedächtnis): Ihnen wird zu Beginn des Spiels ein »Bombenteppich« auf einem schachbrettförmigen Spielfeld eingeblendet.

 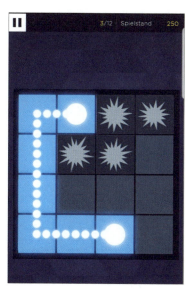

Kapitel 3: Geistesblitze frei Haus – gezieltes Gehirntraining

In der Pro-Version stehen Ihnen weitere Übungen zur Verfügung.

Anschließend werden die Bomben ausgeblendet, und Sie müssen nun zwei helle Punkte per Fingerstreich miteinander verbinden. Wenn Sie dabei ein Feld mit einer Bombe erwischen, gilt die Aufgabe als nicht bestanden.

- **Must Sort** (Konzentration): Das Prinzip ist sehr simpel: Es erscheint eine Abfolge von Tangram-Figuren, die per Wischgeste auf die richtige Seite geschoben werden müssen. Dabei werden Sie rasch bemerken, dass man bei der vermeintlich einfachen Aufgabe leicht durcheinandergeraten kann.

Preislich bewegt sich Peak in ähnlichen Regionen wie die zuvor erwähnten Spiele: Ein Monat schlägt mit 5 € zu Buche, ein Jahr kostet 35 €, und für die unbegrenzte Variante sind einmalig 99 € zu zahlen. In der Pro-Version stehen Ihnen darüber hinaus eine Vielzahl weiterer Übungen zur Verfügung.

KAPITEL 4
Abgekartetes Spiel? Kartenspiele und andere Klassiker in neuem Gewand

Die Hemmschwelle zur digitalen Welt überwindet man wohl am schnellsten, wenn man sich zunächst mit bekannten Spielen beschäftigt. Wir alle sind mit ihnen aufgewachsen: den Karten- und Brettspielen, die uns unsere Eltern und Großeltern beigebracht haben. Aber wozu muss man da eigentlich einen Computer bemühen? Nun, nicht immer ist ein Spielpartner in greifbarer Nähe, und da ist der Computer ein hervorragender Ersatz.

Solitaire – Patiencen am Computer legen

Mit *Solitaire* wurden in den 90er-Jahren des letzten Jahrhunderts wohl gigantische Teile des Bruttosozialprodukts vernichtet. Viele Mitarbeiter wichtiger Firmen vertrieben sich die Zeit mit dem beliebten Kartenspiel, das mit dem überall verbreiteten Windows-Betriebssystem frei Haus geliefert wurde. Heute muss man (zumindest beim aktuellen Windows 10) schon etwas genauer suchen, um in den Genuss dieses Spiels zu kommen.

»Das Schachspiel ist wie ein See, in dem eine Mücke baden und ein Elefant ertrinken kann.«

Indisches Sprichwort

In der Urform von Solitaire werden abwechselnd rote und schwarze Karten in absteigender Reihenfolge angelegt.

Kapitel 4: Kartenspiele und andere Klassiker in neuem Gewand

> **Worum geht es bei Patiencen?**
>
> Bei dieser speziellen Form des Kartenspiels versucht man als einzelner Spieler, so lange es möglich ist, Karten in einer bestimmten Reihenfolge an ein Muster von bereits aufgedeckten Karten zu legen. Können alle Karten des Stapels gemäß der Regeln angelegt werden, ist die Patience »aufgegangen«.

Sehen wir uns doch einmal die zeitgenössische Form des Solitaire-Spiels auf einem Windows-10-PC an. Um diese nutzen zu können, gehen Sie folgendermaßen vor:

1. Geben Sie in das Suchfeld ❶ von Windows 10 den Begriff »solitaire« ein.

2. Klicken Sie mit der Maus gleich auf den ersten erscheinenden Treffer **Microsoft Solitaire Collection** ❷.

3. Über der sich öffnenden Seite erscheint ein Fenster mit Werbung, das Sie mit einem Klick auf das Schließen-Kreuz oben rechts ausblenden.

4. Wenn Sie dazu aufgefordert werden, sich mit einem Microsoft-Konto anzumelden, dann ignorieren Sie dies einfach, indem Sie auf die Schaltfläche **Später daran erinnern** klicken.

5. Klicken Sie auf das Auswahlfeld **Classic Solitaire** ❸. Dadurch wird die Urvariante des Spiels namens *Klondike* gestartet.

Solitaire – Patiencen am Computer legen

6. Wählen Sie als Schwierigkeitsgrad zunächst **Mittel** ❹ aus (der Grad **Leicht** ist in dieser Spielvariante nicht anwählbar). Im Feld **Wähle einen Stapel aus** ❺ belassen Sie die Option **Standard (3 ziehen)**.

7. Nach einem Mausklick auf **Spielen** ❻ erfahren Sie in kleinen Dialogfenstern, die Sie über die Schaltfläche **Weiter** nacheinander aufrufen, die Regeln, nach denen die Patience zu legen ist. Lesen Sie diese aufmerksam durch, denn sie können sich von Spielvariante zu Spielvariante unterscheiden. Für die Variante Klondike gilt:

Kapitel 4: Kartenspiele und andere Klassiker in neuem Gewand

Die Grundstapel oben rechts werden mit Assen beginnend gefüllt.

In der Anlegeharfe werden Karten in absteigender Reihenfolge abgelegt. Rot folgt auf Schwarz und umgekehrt.

- In den vier Feldern (Grundstapel), die sich oben rechts befinden, müssen die Karten einer Farbe jeweils in aufsteigender Reihenfolge (Ass, Zwei, Drei, Vier …, Zehn, Bube, Dame, König) abgelegt werden. Dazu verschiebt man per Maus mit gedrückter linker Taste die gewünschte Karte von der Anlegeharfe am unteren Bildrand auf eines der vier Felder oben.
- Die vier Grundstapel müssen folglich immer mit einem Ass beginnen und mit einem König als letzter Karte enden.
- Auf der Anlegeharfe müssen die Karten stets in absteigender Reihenfolge sowie abwechselnder Farbe (Rot wechselt Schwarz ab und umgekehrt) abgelegt werden). So kann man beispielsweise eine rote ❼ unter eine schwarze Karte ❽ legen. Durch das Verschieben von Karten wird die darunter befindliche verdeckte Karte ❾ aufgedeckt.
- Es lassen sich auch komplette Kartenfolgen von einem Harfenstapel in einen anderen ziehen, sofern die Regel erfüllt ist, dass eine nächstniedrige Karte auf eine nächsthöhere Karte geschoben wird und ein Farbwechsel erfolgt.

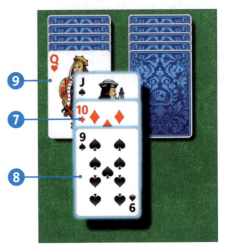

Solitaire – Patiencen am Computer legen

- Entsteht in der Harfe ein leerer Platz, dann darf dort ein König (also die höchste Karte) abgelegt werden.
- Sollten Sie stecken bleiben, so klicken Sie einfach auf den Stapel oben links. Dadurch werden neue Karten aufgedeckt, die Sie an die bestehende Formation nach den beschriebenen Regeln legen dürfen.
- Die Patience ist aufgegangen bzw. haben Sie gewonnen, wenn auf die beschriebene Weise alle Karten angelegt wurden und alle vier Grundstapel gefüllt wurden.

Tipps zum Spiel

- Bei den einfachen Spielvarianten leuchten nach einiger Zeit diejenigen Karten gelb auf, die Sie für ein Weiterkommen als nächste bewegen müssen.
- Ein Doppelklick auf eine bestimmte Karte führt automatisch den passenden Spielzug durch.
- Wurde der Haufen mehrfach aufgedeckt, dann kann es passieren, dass am Schluss stets dieselben Karten erscheinen und Sie nicht weiterkommen. In diesem Fall ist die Patience nicht aufgegangen.

WAS TUN?

Sie kommen nicht mehr weiter? Dann klicken Sie auf den verdeckten Stapel! Dadurch werden drei neue Karten aufgedeckt. Benutzen können Sie dabei aber vorerst nur die obere Karte des Stapels.

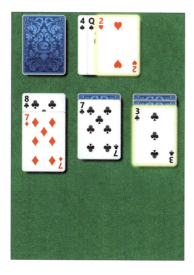

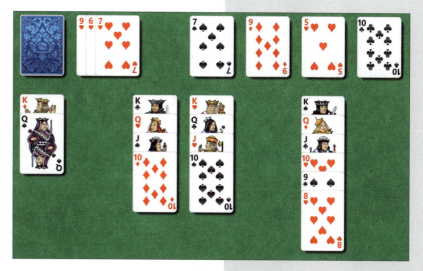

Kapitel 4: Kartenspiele und andere Klassiker in neuem Gewand

Skat, Poker und Co.

Sie mögen klassische Kartenspiele? Mit den digitalen Mitteln können Sie schnell einmal einen Ausflug nach Las Vegas oder auch in die nächste Dorfkneipe unternehmen.

Vielleicht haben Sie sich wie ich früher mit Skat zu Schulzeiten so manche Freistunde mit Freunden vertrieben. Leider findet man heute nur noch wenige Gleichgesinnte, und es gestaltet sich schon äußerst schwierig, einen zweiten oder gar dritten Mann bzw. Frau zu finden. Genau hier springt Kollege Computer ein.

> **Skat – die Spielregeln**
> Die umfangreichen und komplexen Spielregeln von Skat können an dieser Stelle nicht wiedergegeben werden. Ich gehe also davon aus, dass Sie mit den Grundregeln vertraut sind. Wenn Sie hier gleich digital neu einsteigen möchten, dann können Sie sich im Internet einen groben Überblick verschaffen: https://www.spielanleitung.org/skat.html.

Eine gute Anlaufstelle für die Regeln aller gängigen Kartenspiele im Internet: www.spielanleitung.org

Auch wenn es diverse Skat-Spiele für den PC bzw. Browser gibt, zeige ich Ihnen im Folgenden, wie Sie es unterwegs auf dem Smartphone spielen können:

1. Suchen Sie in Ihrem App Store nach dem Spiel »Skat«, und installieren Sie das Spiel.

Ich verwende zur Demonstration nachfolgend die App *Skat* von Isar Interactive. Diese gibt es auch als kostenlose, werbefinanzierte Version.

Skat, Poker und Co

2. Starten Sie die Skat-App anschließend durch Antippen des Symbols in der App-Übersicht auf Ihrem Smartphone bzw. Tablet. Bestätigen Sie den Einführungsdialog mit **OK, los geht's!**.

3. Wählen Sie den Modus **Gegen den Computer** ❶, um das Spiel allein spielen zu können.

4. Legen Sie los, und zeigen Sie dem digitalen Freund, wer der Herr am Skattisch ist!

Doppelkopf

Wem das gute alte Skatspiel zu profan ist, der kann sich auch einmal an *Doppelkopf* versuchen, denn auch das gibt es in digitaler Ausführung in den App Stores. Im Internet können Sie es hier spielen: *www.online-doppelkopf.com*.

Kapitel 4: Kartenspiele und andere Klassiker in neuem Gewand

Sehr beliebt in Online-Zockerkreisen ist natürlich das bekannte *Pokerspiel*. Freilich muss man bei der digitalen Variante auf menschlich-typische Verhaltensmuster wie das Bluffen verzichten – Spaß bereitet Poker am Computer allemal!

Die vollständigen Regeln finden Sie auf *https://www.spielanleitung.org/poker/* oder *https://www.poker.de/guides/poker-regeln/*.

Worum geht es beim Pokern?

Die aktuell beliebteste Variante des Pokerspiels ist das *Texas Hold'em*. Dabei erhält man zwei Karten verdeckt auf die eigene Hand. Fünf Karten – das sog. *Board* – werden offen auf den Tisch gelegt. Die Spieler müssen nun versuchen, aus den insgesamt sieben Karten eine hochwertige Sammlung – bestehend aus fünf Karten – zusammenzustellen. In jeder Runde setzt man ein bestimmtes Kapital ein und kann dieses auch bei Bedarf erhöhen, um Gegner abzuschrecken. Der Sieger erhält am Schluss den gesamten Topf. Den Wert der Kartenfolgen beim Pokerspiel zeigt die folgende Abbildung.

Name	Bedeutung	Beispiel
Höchste Karte (*High Card*)	Keine der unteren Kombinationen	A♠ K♦ J♠ 7♣ 4♣
Ein Paar (*One Pair*)	Zwei Karten gleichen Wertes	10♠ 10♥ J♦ 8♣ 6♥
Zwei Paare (*Two Pair*)	Zwei Paare	J♦ J♠ 8♣ 8♠ A♠
Drilling (*Three Of A Kind*)	Drei Karten gleichen Wertes	Q♣ Q♥ Q♠ A♥ 4♣
Straße (*Straight*)	Fünf Karten in einer Reihe	7♥ 8♣ 9♦ 10♥ J♠
Flush	Fünf Karten in einer Farbe	3♣ 5♣ 8♣ 9♣ K♣
Full House	Ein Drilling und ein Paar	K♥ K♣ K♦ 9♠ 9♦
Vierling (*Four Of A Kind*)	Vier Karten gleichen Wertes	A♣ A♦ A♥ A♠ 4♣
Straight Flush	Straße in einer Farbe	8♣ 9♣ 10♣ J♣ Q♣
Royal Flush	Straße in einer Farbe mit Ass als höchste Karte	10♦ J♦ Q♦ K♦ A♦

Bildquelle: Wikipedia

Skat, Poker und Co

Auf geht's zu einer Runde Texas Hold'em Poker. Wir verwenden eine Variante, die Sie leicht an Ihrem Windows-10-Computer aus dem Microsoft Store installieren können. Das Spiel liegt zwar wie die meisten Pokerspiele in englischer Sprache vor, es ist aber recht einfach zu verstehen.

1. Geben Sie in das Suchfeld von Windows 10 den Begriff »store« ein, und klicken Sie auf den erscheinenden Eintrag **Microsoft Store**.

2. Geben Sie nun in die Suchmaske des Stores »texas hold'em poker plus« ein. Sie müssen die Eingabe nicht vollständig vornehmen, sondern können schon nach wenigen Buchstaben auf das Spiel in der Ergebnisliste ❶ klicken. Installieren Sie das Spiel anschließend mit einem Klick auf **Herunterladen**. Wenn Sie das Spiel nicht geräteübergreifend nutzen möchten, brauchen Sie sich dafür nicht am Microsoft-Konto anzumelden. Klicken Sie in diesem Fall einfach auf **Nein, danke**.

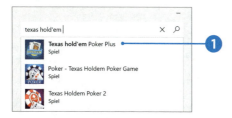

3. Öffnen Sie das Startmenü mit einem Klick auf das Windows-Logo, und starten Sie das Spiel in der App-Übersicht links.

4. Klicken Sie im ersten Fenster auf **Start**. Anschließend müssen Sie sich für einen Schwierigkeitsgrad entscheiden. Wir wählen hier den einfachsten namens **Boot Camp** ❷.

Kapitel 4: Kartenspiele und andere Klassiker in neuem Gewand

Folgen Sie mir nun einfach einmal auf eine Pokerrunde, um das Prinzip des Spiels zu verstehen. Ihr Startkapital beträgt beim Einstieg 100 $ – dabei handelt es sich natürlich nur um Spielgeld. Der Name Ihrer Spielfigur ist **Player** ❸.

1. In der ersten Runde werden jedem Spieler zunächst zwei Karten verdeckt ausgegeben. In diesem Beispiel sind Ihre Karten das Karo Ass und der Kreuz König. Von Ihren Mitspielern wird nun, wenn diese an der Reihe sind, ein

Einsatz in den Pott gebracht. Im vorliegenden Fall wurde dieser bereits auf 10 $ pro Spieler hochgetrieben. Sie haben nun folgende Möglichkeiten:

- **④ Meet**: Denselben Einsatz (10 $) leisten, also mitgehen und im Spiel bleiben.
- **⑤ Fold**: Aufgeben. Das kostet nichts und wird gern gemacht, wenn das Blatt chancenlos erscheint, ist allerdings in der ersten Runde, wenn die Board-Karten verdeckt sind, noch nicht sonderlich sinnvoll.
- **⑥ Bet**: Den Einsatz höher treiben. Der dafür notwendige Wettbetrag muss mindestens doppelt so hoch wie der letzte höchste Einsatz sein, also mindestens 20 $ im vorliegenden Fall.

Nehmen wir an, Sie entscheiden sich für das einfache Mitgehen (**Meet**), dann geht es im Beispiel wie folgt weiter:

2. In der nächsten Runde wurden bereits drei Karten des verdeckten Boards in der Mitte aufgedeckt, u. a. ein Ass und ein König. Das sieht gut für Sie aus, denn dadurch hätten Sie beim Aufdecken zwei Pärchen aus Assen und Königen – den höchsten Werten – sicher. Es erscheinen im vorliegenden Fall außerdem zwei weitere Schaltflächen – neben **Bet**, der Schaltfläche, mit der Sie den Einsatz erhöhen können, die Schaltfläche:

- **⑦ Check**: Das bedeutet so viel wie »Ich schiebe«. Diese Schaltfläche erscheint, wenn vor Ihnen niemand bereit war, einen Einsatz zu machen. Im Normalfall kann man dann problemlos mitschieben und riskiert nichts. Wenn allerdings dann der erste Spieler etwas setzt, muss man wieder mitgehen (**Meet**), um im Spiel zu bleiben.

Wählen Sie hier nun **Check**, können Sie abwarten, was Ihnen die nächste Karte bringt – im Beispiel ist das eine Karo Vier. Mit den zwei Paaren wären Sie also doch schon ganz gut ausgestattet.

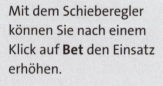

Mit dem Schieberegler können Sie nach einem Klick auf **Bet** den Einsatz erhöhen.

3. Mit etwas Mut können Sie nun auf **Bet** klicken und den nun erscheinenden Regler ❽ auf 50 $ (der Mindestbetrag zum Erhöhen war 20 $) einstellen. Dadurch können Sie Ihre Mitspieler zum Aussteigen bzw. Aufgeben bewegen. Diese erscheinen dann abgeblendet ❾ am Pokertisch. Um weiter im Spiel zu bleiben, betätigen Sie nun erneut **Meet**.

4. Nachdem die letzte Karte aufgedeckt wurde, erfolgt das Aufdecken der Blätter aller verbliebenen Spieler(innen). In diesem Fall ist die Strategie aufgegangen: Die nächstbeste Mitspielerin Isabella hatte im Gegensatz zu Ihnen nur ein Pärchen, bestehend aus zwei Fünfern, und Sie als Player wären nun um 260 virtuelle Dollar reicher.

Siebzehn und vier

Das in Casinos äußerst beliebte Spiel *Blackjack* (bei uns in Deutschland als *17+4* bekannt) gibt es ebenfalls in allen erdenklichen Facetten in den Software-Stores für Windows, Android und iOS. Hier ziehen Sie fortlaufend Karten und versuchen, ebenso wie der Kartengeber, möglichst dicht an die Zahl 21 mit der Wertesumme aller Karten zu gelangen. Wer dichter an der Zahl 21 dran ist, hat gewonnen.

Beim 17+4-Spiel gilt es, durch fortgesetztes Ziehen von Karten möglichst nahe an den Wert 21 heranzukommen, ohne diesen zu überschreiten.

Mobile Mühle

Haben Sie Lust auf einen echten Klassiker? Das *Mühle*-Spiel kennen Sie sicher noch aus Ihrer Kindheit. Zumindest war es das erste Brettspiel, das mir mein Opa in Kindheitstagen beigebracht hat. Im folgenden Kasten finden Sie aber zur Sicherheit noch einmal die Spielregeln.

> **Mühle – die Regeln**
> Zwei Spieler setzen abwechselnd ihre Steine auf ein Brett, wobei ein Spieler weiße, der andere Spieler schwarze Steine besitzt. Sind alle Steine auf dem Brett platziert, so dürfen diese um jeweils einen Schritt verschoben werden. Ziel ist es, eine Mühle zu schließen: das sind drei Steine in einer Reihe. Hat sich ein Spieler eine Mühle erspielt, so darf dieser einen Stein des Gegners vom Brett nehmen. Verloren hat derjenige Spieler, dem alle Steine weggenommen wurden.

Nachfolgend schauen wir uns einmal eine mobile Version von Mühle an, bei der Sie gegen den Prozessor Ihres Smartphones bzw. Tablets antreten können.

1. Suchen Sie im App Store Ihres mobilen Betriebssystems nach »mühle light«, und installieren Sie das Spiel. Die Light-Version des Spiels ist kostenlos.

2. Starten Sie das Spiel. Gegebenenfalls (je nach Betriebssystem) müssen Sie einige Rechte akzeptieren sowie die Werbeeinblendungen über das Kreuzsymbol wegklicken. Mittels **Ok, lasst uns spielen** gelangen Sie in das Hauptmenü des Spiels. Wählen Sie hier zunächst den Punkt **Offline spielen** ❶. Sie können sich aber später immer noch mit Spielern aus aller Welt verbinden.

> **MERKE**
> Wenn Sie offline spielen, spielen Sie nur gegen das Programm. Online können Sie gegen echte Spieler, wie Sie selbst es sind, antreten.

3. Setzen Sie Ihre Steine, indem Sie die gewünschten Felder einfach antippen.

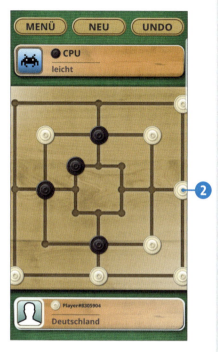

Keine Chance für den Computergegner: Weiß ist es gelungen, eine Zwickmühle aufzubauen. Wenn der Stein rechts ❷ verschoben wird, schließt sich stets eine Mühle.

4. Sind alle Steine gesetzt, so können Sie nun durch Verschieben versuchen, Mühlen zu bilden.

5. Sie haben gewonnen, wenn Sie es schaffen, dem Computergegner alle Steine wegzunehmen.

Mensch ärgere Dich nicht & Co. – Lieblingsspiele aus der Kindheit finden

Insbesondere in den mobilen App Stores zu Android und iOS finden Sie die Lieblingsspiele Ihrer Kindheit in Hülle und Fülle. Geben Sie den Namen des gewünschten Spiels einfach in die Suchmaske des entsprechenden App Stores ein.

Das königliche Spiel

… ist und bleibt natürlich das *Schachspiel*. Die Leistungsfähigkeit aktueller Schach-Apps lehrt dank der Leistungsfähigkeit aktueller Prozessoren selbst Großmeistern das Fürchten. Aber auch Einsteiger werden schnell fündig: Es gibt eine Vielzahl wunderbarer Apps in den entsprechenden Stores, die Ihnen oder Ihren Kindern oder Enkelkindern spielerisch die Grundzüge des Schachspiels auf recht einfachem Niveau beibringen.

Als Beispiel empfehle ich Ihnen die mobile App *Schach & Matt*. Damit lernt auch der Nachwuchs mit Ihrer Unterstützung die wichtigsten Spielzüge in Form eines sehr nett gemachten Abenteuers. Ziel ist es, einem Piratenkapitän durch das Bestreiten mehrerer Schachpartien eine Sammlung wertvoller Schachfiguren abzuknöpfen. Die Partien bzw. der Computergegner werden dabei je nach Wert der Figur immer anspruchsvoller.

1. Installieren Sie die App Schach & Matt (Preis: 4,99 €, erhältlich für iOS und Android) auf Ihrem Mobilgerät.

2. Starten Sie die App. Nach einem Einführungsdialog haben Sie zunächst die Möglichkeit, die Zugmöglichkeiten der einzelnen Figuren kennenzulernen. Arbeiten Sie die entsprechenden Tutorials zu den Figuren durch. Ein junger Prinz zeigt Ihnen zunächst, wie Sie durch das Spiel navigieren und welche Züge mit den einzelnen Figuren möglich sind.

Das königliche Spiel

3. Nachdem Sie die Grundzüge des Schachspiels erlernt haben, müssen Sie zunächst eine Partie gegen den (zugegeben sehr leicht zu schlagenden) Prinzen bestreiten. Wenn diese gewonnen wurde, sind Sie bereit, gegen den gefürchteten *Käpt'n Black* anzutreten.

Sie fühlen sich nun gewachsen, in die Welt des Schachs für Erwachsene einzutreten? Nun, das Netz ist voll von Angeboten für die Liebhaber des schwarz-weiß-karierten Brettsports:

1. Rufen Sie im Internet die folgende Seite auf: *https://www.schach-spielen.eu/*.

Über das Internet haben Sie zahlreiche Möglichkeiten, Schach kostenfrei auf Ihrem PC zu spielen.

Kapitel 4: Kartenspiele und andere Klassiker in neuem Gewand

2. Wählen Sie die Option **Schach als Gast spielen**.

3. Klicken Sie anschließend auf die Schaltfläche **Partie starten** ❶.

MERKE
Die Schachfiguren verschieben Sie mit gedrückter linker Maustaste.

4. Wählen Sie den Modus **Standard** ❷ sowie eine Spielfigurfarbe, und schon kann es losgehen. Die Figuren werden mit gedrückter linker Maustaste verschoben.

In der digitalen Kneipe: Flippern wie in alten Zeiten

Die bunten Flippertische, an denen sich viele von uns in der Jugend nur zu gerne vergnügt haben, begeistern auch noch die heutigen jüngeren Generationen – allerdings digital. Das Spielprinzip ist so genial wie einfach: Mittels zweier am Tisch befindlicher Knöpfe werden zwei kleine Hebel am unteren Ende der Spielfläche bewegt. Mit deren Hilfe halten Sie die kleine metallene Spielkugel am Laufen. Diese prallt auf Hindernisse, und jeder Aufprall schlägt dann mit einem Punktgewinn zu Buche. Übereifrige Naturen, die versuchten, die Kugelbahn durch Kippen des Tischs zu beeinflussen, wurden stets mit einem schroffen *Tilt* (= engl. für »gekippt«) in ihre Schranken gewiesen. Sehen wir uns doch einmal um, welche Flippersimulationen die Computerszene bevölkern.

Spielhebel eines Flippers
Bildquelle: *https:// de.wikipedia.org/wiki/ Flipperautomat#/media/ File:Pinball_Flippers_-_ Demolition_Man.JPG*, ElHeineken (CC BY 3.0)

Beginnen möchte ich mit einer Simulation, die Sie leicht per Browser spielen können:

1. Begeben Sie sich per Browser auf die Webseite *https://www.spieleklassiker.com/Pinball*, und suchen Sie sich einen Flippertisch aus, der Ihnen gefällt. Ich wähle nachfolgend den **Short Circuit Pinball** ❶.

Flipper heißt auf Englisch *Pinball*.

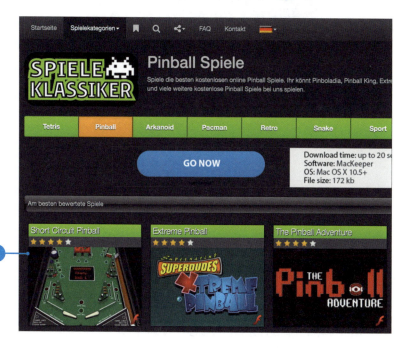

Kapitel 4: Kartenspiele und andere Klassiker in neuem Gewand

Was es mit den Flash-Inhalten auf sich hat, können Sie ab Seite 20 nachlesen.

2. Klicken Sie im folgenden Bild auf das große Abspielsymbol in der Mitte. Warten Sie anschließend die Werbeeinblendung ab, und bestätigen Sie die Erlaubnis, dass Flash-Inhalte wiedergegeben werden dürfen.

3. Klicken Sie im nächsten Dialog auf **Play**, und der Spaß kann beginnen. Schießen Sie nun mit der ⏎-Taste eine Kugel ab, und verhindern Sie mit den Flippertasten, dass die Kugel die Spielfläche verlässt.

Den linken Flipperarm bewegen Sie mit der Taste ←. Den rechten Flipperarm bewegen Sie mit →. Mit der Buchstabentaste S starten Sie das Spiel neu.

> **MERKE**
> Mit der ⏎-Taste schießen Sie die Kugel ab.

Auf dem Smartphone schießen Sie die Kugel durch Ziehen und Loslassen ab.

> **Flipper für unterwegs**
> Selbstverständlich gibt es auch für mobile Geräte unzählige Flipper-Simulationen. Einen guten Namen hat sich *Pinball Deluxe* gemacht. Die App finden Sie im App Store Ihres Smartphones. Die Flipperhebel bewegen Sie hier durch Antippen der linken bzw. rechten Bildschirmseite, die Kugel wird durch eine Ziehen-und-Loslassen-Bewegung Ihres Fingers vom rechten Bildrand aus abgeschossen.

KAPITEL 5
Kniffelige Knobelei – Puzzeln, Verschieben und Kombinieren

Die beste Möglichkeit, das Gedächtnis in Schwung zu bringen, besteht nicht darin, irgendwelche obskuren Tränke aus der Werbung Tag für Tag zu sich zu nehmen. Den Schmierstoff für Ihr Gehirn können Sie problemlos selbst herstellen: Lösen Sie spielerisch einfach einige der nachfolgend vorgestellten Knobeleien! Die Spiele schulen nicht nur die Konzentration, sondern stellen auch Ihre Geduld auf die Probe. Sie lernen verschiedene Puzzle bis hin zum berühmtesten Klötzchenspiel der Computerspielgeschichte kennen und trainieren Ihre Geschicklichkeit. Auch ein kleines mysteriöses Abenteuer gilt es zu bestehen. Los geht es aber mit einem Zahlenspiel, das es in sich hat.

»Das Leben ist ein Puzzlespiel. Erst wenn wir alle Teile an die richtige Stelle gesetzt haben, können wir es verstehen.«
Dr. Gerhard Strobel

Zahlenpuzzles

Spätestens seit der Grundschule sind sie Ihnen vertraut: Zahlen aller Art. Dennoch bleibt die Mathematik für so manch einen über Jahre ein Rätsel. Aber keine Sorge: Im Folgenden müssen Sie gar nicht rechnen – Sie nutzen Zahlen lediglich als Elemente für Puzzlespiele. Beginnen wir mit einer quasi über Nacht berühmt gewordenen Knobelei rund um Zahlen: *2048*. Das Spiel ist einfach und einfach spannend! Und darum geht es:

Kapitel 5: Kniffelige Knobelei – Puzzeln, Verschieben und Kombinieren

2048 gibt es als App für das Smartphone und als Browservariante für den PC.

Gespielt wird per Wischgeste von links nach rechts bzw. von oben nach unten und umgekehrt. Am PC verschieben Sie die Zahlen mit den Pfeiltasten der Tastatur.

2048 – die Spielidee

Ein quadratisches Feld, bestehend aus 4 × 4 Feldern, enthält Zahlen, die aus dem Vielfachen der Zahl 2 bestehen, also 2, 4, 8, 16 etc. Diese Zahlen lassen sich auf dem Smartphone per Fingergeste bzw. am PC per Tastatur oder Maus verschieben. Immer dann, wenn beim Verschieben zwei gleiche Zahlen aufeinandertreffen, verschmelzen diese zu ihrer Summenzahl. Trifft eine 2 auf eine 2, so erhält man 4, trifft eine 4 auf eine 4, so erhält man 8 usw. Das Ziel des Spieles ist es, durch fortwährendes Verschieben der Zahlenblöcke irgendwo auf dem Spielfeld die Zahl 2048 zu erzeugen. Aber Achtung: Bei jedem Spielzug wird auf dem Brett eine neue Zahl erzeugt, sodass es nach einiger Zeit recht eng werden kann, bis schließlich gar nichts mehr geht!

Gehen wir doch einmal schrittweise durch das Spiel:

1. Installieren Sie das Spiel 2048 über den entsprechenden App Store auf Ihrem Mobilgerät. Für Ihren PC finden Sie eine Browservariante auf *http://2048game.com/de/*. Ich verwende nachfolgend die mobile Version.

2. Starten Sie das Spiel, und wählen Sie die Standardvorgabe zum Spielen. Das ist ein 4 × 4-Zahlenfeld.

3. Im vorliegenden Fall sehen Sie zwei Zweien. Ich führe nun eine Wischbewegung auf dem Smartphone-Display nach links durch. Dadurch gelangen beide Zweier an den linken Rand und verschmelzen zu einer Vier. Eine neue Zahl (in diesem Fall eine Zwei) taucht rechts oberhalb der Vier auf dem Spielfeld auf.

Zahlenpuzzles

4. Nun führe ich eine Wischbewegung nach oben durch. Dadurch bewegen sich die Vier und die Zwei an den oberen Bildrand. Eine neue Zahl (nun eine Vier) erscheint in der Mitte des Feldes.

5. Nun wische ich wieder nach unten. Dadurch landen die beiden Vieren nebeneinander. Zusätzlich wird eine Zwei in der linken oberen Ecke des Feldes erzeugt. Wenn ich nun von links nach rechts wische, dann werden die Vieren vereinigt, und ich erhalte eine Acht. Das Ergebnis zeigt das nebenstehende Bild.

Je größer die Zahlen werden, umso enger wird es auf dem Spielfeld.

Sicher haben Sie nun das Spielprinzip verstanden! Nach etlichen Zügen sieht dann mein Spiel so wie in der Abbildung auf Seite 82 oben aus. Sie sehen schon: Es erscheinen immer mehr Zahlen auf dem Feld, und es ist ein langer

Kapitel 5: Kniffelige Knobelei – Puzzeln, Verschieben und Kombinieren

Weg, bis man bei der 2048 angelangt ist. Aber trösten Sie sich: Für jede Verschmelzung von Zahlen gibt es Punkte, und ein reizvolles Ziel ist es u. a. auch, den aktuell höchsten Spielstand aller Spieler (in Fachkreisen auch *Highscore* genannt) zu knacken.

> **Threes – der Vater von 2048**
>
> Glaubt man der Legende bzw. der Wikipedia, dann ist das Spiel 2048 aus einem anderen Zahlenschiebespiel namens *Threes* (zu Deutsch: Dreien) entstanden. Dieses geringfügig komplexere Spiel verwendet Zahlen, die durch drei teilbar sind, und besitzt noch einige Sonderregeln. Sie finden das Spiel in jedem App Store bzw. auch als Browserspiel unter *http://threesjs.com*.

Die Konzentration schulen mit Wimmelbildern

Die kennen Sie sicher auch noch aus Ihrer Jugend: *Wimmelbilder*. Das sind kleine Kunstwerke, in denen sich eine Unmenge von Informationen bzw. Details verbergen. Wimmelbilder sind sehr gut geeignet, um Ihre Konzentration zu schulen! Das Fokussieren auf kleinste Details lässt Ihre grauen Zellen zur Hochform auflaufen. Der Anbieter *Big Fish* hat sich das zunutze gemacht und mit den *Grim Tales* eine Wimmelbildspielserie auf den Markt gebracht. Dieses lässt sich per Browser am PC, als eigenständiges PC-Spiel, aber auch als App auf dem Smartphone oder Tablet spielen. Letztere gibt es auch als kostenlose Testversionen.

Die kostenlose App für das Smartphone ist über Werbung finanziert. Für 3,49 € gibt es die App aber auch als Vollversion.

1. Halten Sie im App Store Ihres Smartphones, Tablets oder PCs Ausschau nach Grim Tales. Im Microsoft Store für Windows 10 finden Sie die Spielreihe unter dem Namen

Die Konzentration schulen mit Wimmelbildern

Grimmige Legenden. Es gibt diverse Geschichten in diesem Zusammenhang. Ich verwende nachfolgend *Grim Tales: Der Erbe* auf einem Android-Smartphone.

2. Installieren Sie das Spiel. Beachten Sie: Die Smartphone-Version ist mit ca. 800 MB recht groß, sollte nur über eine WLAN-Verbindung heruntergeladen werden und könnte bei Speicherknappheit den Speicher Ihres Handys zum Überlaufen bringen. In diesem Fall können Sie die PC-Version herunterladen unter *https://www.bigfishgames.de/spiele/11393/grim-tales-the-heir-collectors-edition/*.

> **ACHTUNG**
> Der Speicherbedarf des Spiels ist hoch! Steht Ihnen dafür kein Platz zur Verfügung, können Sie das Spiel auch kostenlos auf Ihren PC herunterladen und eine Stunde lang probespielen. Die Vollversion kostet aktuell 19,99 €.

3. Starten Sie das Spiel. Es wird zunächst eine Videosequenz gestartet.

4. Geben Sie einen Namen für Ihre Spielfigur ein, und betätigen Sie anschließend die Schaltfläche **Spielen** ❶. Im ersten Dialog wählen Sie einen Schwierigkeitsgrad, idealerweise **Leicht** ❷. Bestätigen Sie Ihre Auswahl mit **OK**.

5. Es erscheint eine erneute Filmsequenz, die Sie in die Geschehnisse des Abenteuers einführt. Sie landen schließ-

Kapitel 5: Kniffelige Knobelei – Puzzeln, Verschieben und Kombinieren

In dem Wimmelbild sind viele Gegenstände versteckt, die Sie zur Lösung verschiedener Aufgaben benötigen. Durch Antippen oder Anklicken sammeln Sie die Gegenstände ein.

lich auf der Wimmelbild-Oberfläche. Hier können Sie nach und nach verschiedene Gegenstände aufsammeln, die später für Sie nützlich sein werden. Beispielsweise müssen Sie in der Geschichte einen Schirm reparieren, wofür Sie eine Zange benötigen werden. Diese ist im Bild gut versteckt.

6. Finden Sie die Zange, und packen Sie diese durch Antippen in Ihr **Inventar**. Tippen Sie dann die Zange an, und führen Sie diese zum Regenschirm, wodurch er repariert wird. Anschließend muss der Wasserfluss des Gartenschlauchs gestoppt werden. Die dazu notwendigen Ventilräder sind ebenfalls im Bild versteckt. Eines davon müssen Sie mit dem soeben reparierten Schirm von der Statue herunterangeln.

Die gesammelten Werkzeuge werden am unteren Bildrand angezeigt ❸. Über die Schaltfläche **Tipp** ❹ bekommen Sie stets Hinweise, was Sie als Nächstes unternehmen sollten. Das **Handbuch** ❺ ist eine kurze Anleitung zum Spiel, und im Bereich **Menü** ❻ lassen sich einige Dinge wie z. B. die Tonausgabe anpassen.

Finden Sie nützliche Gegenstände und Werkzeuge, und lösen Sie damit die Rätsel. Die Schaltfläche **Tipp** hilft Ihnen stets weiter.

Die Konzentration schulen mit Wimmelbildern

7. In einer weiteren Teilaufgabe müssen Sie auf einem Wimmelbild verschiedene Objekte durch Antippen am Smartphone bzw. Anklicken am PC identifizieren.

Identifizieren Sie gesuchte Gegenstände durch Antippen bzw. Anklicken. Im vorliegenden Fall sind es fünf weiße Blumen.

Sollten Sie an einer Stelle nicht weiterkommen, so können Sie auch einmal einen Blick auf die Komplettlösung des Herstellers auf *https://www.bigfishgames.de/blog/walk-through/grim-tales-the-heir-komplettloesung/* werfen – aber es macht schon wesentlich mehr Spaß, die kniffligen Rätsel selbst zu lösen.

WAS TUN?

Sie kommen bei den Rätseln nicht weiter? Im Internet finden Sie die Lösung dazu! Da es noch sehr viele Geschichten in der Grim-Tales-Serie gibt, können Sie sich mit diesem Beispiel für die nächsten Abenteuer wappnen.

Kapitel 5: Kniffelige Knobelei – Puzzeln, Verschieben und Kombinieren

Die Balance halten

Auch das ist in der digitalen Welt möglich: die körperliche Feinmotorik mithilfe geeigneter Spiele schulen. Dazu verwenden Sie ein mobiles Gerät, also ein Smartphone bzw. Tablet. Der Klassiker ist das gute alte *Labyrinth*-Spiel.

Labyrinth – Ziel des Spiels
Bewegen Sie eine Kugel durch Kippen Ihres Mobilgeräts durch einen Parcours!

Steuerung durch Neigung

Für Geschicklichkeitsspiele werden in der Regel die Neigungssensoren Ihres Smartphones bzw. Tablets eingesetzt. Bewegen Sie das Gerät, so bewegt sich auch das Spielobjekt auf dem Display.

1. Halten Sie im App Store Ausschau nach dem Spiel Labyrinth, und installieren Sie dieses. Ich verwende nachfolgend das Spiel *Classic Labyrinth 3d* von Cabbiegames. Sie finden aber sicher auch andere kostenlose Varianten.

2. Starten Sie das Spiel durch Antippen des Symbols, und überprüfen Sie ggf. die Einstellungen zu den Werbeeinblendungen. Beachten Sie: Die werbefreie Version müssen Sie kostenpflichtig im App Store erwerben.

3. Legen Sie los, indem Sie den Knopf **Start** ❶ betätigen. Wählen Sie im folgenden Dialog das erste Level des Spiels aus ❷.

> **ACHTUNG**
> Bei **Joystick** darf kein Häkchen gesetzt sein, da das Spiel auf dem Smartphone per Kippbewegungen gesteuert wird.
>
>

Die Balance halten

4. Achten Sie nun darauf, dass im nachfolgenden Dialog als Spielgeschwindigkeit **Normal** ❸ eingestellt wird. Wer es ein wenig einfacher mag, kann an dieser Stelle auch **Slow** wählen. Außerdem sollten Sie darauf achten, dass kein Häkchen bei **Joystick** ❹ gesetzt ist, da Sie das Spiel ja durch Kippbewegungen steuern möchten.

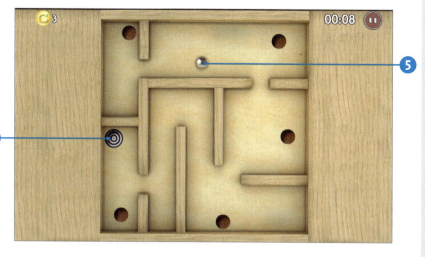

5. Legen Sie los, und bewegen Sie die Kugel ❺ per Kippbewegung zum spiralförmigen Ziel ❻. Passen Sie aber auf, dass die Kugel nicht in ein Loch fällt! Dann gilt das Level als nicht bestanden.

Haben Sie das erste Level erfolgreich gemeistert, können Sie das Spiel in einem höheren Level erneut spielen. Die Anforderungen werden dabei natürlich gesteigert. Dazu sehen Sie einige Beispiele in den Abbildungen rechts. Im ersten Bild müssen Sie Schlüssel aufsammeln, um ein Schloss vor dem Ziel zu entsperren. Die Wege des Labyrinths im nächsten Bild sind recht verworren, und im letzten Beispiel müssen Sie gar mit einer Taschenlampe durch ein dunkles Labyrinth irren.

Die Level werden zunehmend trickreicher!

Kapitel 5: Kniffelige Knobelei – Puzzeln, Verschieben und Kombinieren

Hüpfspaß Doodle Jump

Beim Mobilspiel *Doodle Jump* bewegen Sie eine Zeichentrickfigur durch Ankippen des Smartphones bzw. Tablets über Sprungsteine nach oben. Den auftauchenden Monstern wird durch Bälle der Garaus gemacht. Die Bälle schießen Sie ab, indem Sie auf das Display tippen. Auch dieses Spiel schult Ihre Feinmotorik.

Links sehen Sie einen Ausschnitt aus dem Tutorial, rechts die Spielfigur in Aktion. Die Figur wird durch Ankippen gesteuert. Wenn Sie auf den Bildschirm tippen, wird geschossen.

Monumentale Knobelei

Das Spiel *Monument Valley* (mittlerweile schon in der Version 2 erschienen) begeistert insbesondere durch seine aufregende geometrische Gestaltung, die bisweilen an die berühmten Werke von M.C. Escher und Lionel Penrose erinnert.

Monumentale Knobelei

> **Monument Valley – worum geht es?**
> Sie bewegen eine Figur namens *Ro* entlang eines Pfades, der aus aneinandergereihten Quadern besteht. Die Quaderblocksegmente lassen sich verdrehen, sodass sich dadurch oft ungeahnte neue Wege ergeben. Ein Level ist absolviert, wenn Ro die quadratische Ausgangsplattform erreicht hat.

1. Installieren Sie das Spiel Monument Valley (in der Version 1 oder auch 2) auf Ihrem Smartphone bzw. Tablet, und starten Sie es.

2. Bewegen Sie die Spielfigur, indem Sie auf einen Punkt des quaderförmigen Wegs tippen.

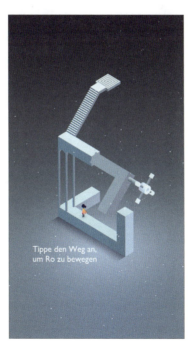

3. Erschließen Sie neue Wege, indem Sie die Drehregler verwenden. Tippen Sie darauf, und führen Sie mit gedrücktem Finger eine Drehbewegung durch.

Das Penrose-Dreieck ist eine typische »unmögliche« Figur. Diesem Prinzip der optischen Täuschung folgt auch Monument Valley.
Bildquelle: *https://commons.wikimedia.org/wiki/File:Penrose-dreieck.svg*, Tobias R.

Der Drehregler öffnet neue Wege. Die Figur bewegt sich automatisch zu einem Punkt, den Sie antippen, vorausgesetzt, der Weg ist nicht durch ein Hindernis versperrt.

Kapitel 5: Kniffelige Knobelei – Puzzeln, Verschieben und Kombinieren

In den höheren Leveln des Spiels Monument Valley ist richtig Grips gefragt.

4. Bewegen Sie Ihre Figur auf die Zielplattform, um das aktuelle Level abzuschließen.

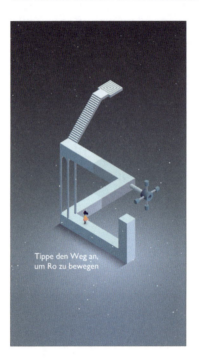 

Das Spiel gestaltet sich äußerst meditativ und entspannend. Bisweilen vergessen Sie dabei Raum und Zeit.

Reines Geduldsspiel – Kintsukuroi

Das kennen Sie sicher auch aus dem »echten« Leben: Ihnen ist ein schöner Zierteller oder eine Vase auf den harten Boden gefallen. Nun versuchen Sie, mit Porzellankleber zu retten, was zu retten ist. Genau das ist die Idee von *Kintsukuroi* – ein Spiel für alle, die es lieber ruhiger mögen und die nötige Geduld für Basteleien aufbringen.

1. Suchen Sie das Spiel Kintsukuroi im App Store Ihres Mobiltelefons, und installieren Sie es.

2. Starten Sie das Spiel. Im ersten Level müssen Sie »nur« einen flachen, zerbrochenen Teller zusammensetzen. Dazu haben Sie folgende Möglichkeiten:

- Am unteren Bildschirmrand erscheinen die Bruchstücke des Tellers. Immer wenn Sie diese kurz antippen, werden sie gedreht.

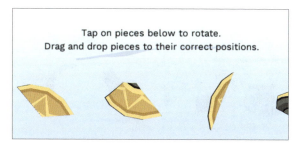

- Wenn ein Stück die richtige Orientierung hat, dann können Sie es per Finger auf die passende Lücke in der Bildmitte schieben.
- Dreidimensionale Objekte werden per Wischgeste gedreht.

3. Im nächsten Level wird es schon etwas schwieriger. Sie haben es nun mit einer zerbrochenen dreidimensionalen Vase zu tun. Sie können dieses Objekt nun zusätzlich drehen, indem Sie mit dem Finger von links nach rechts oder umgekehrt über den Bildschirm wischen. Die Bruchstücke lassen sich, wie im letzten Schritt beschrieben, erneut durch Antippen drehen. Die eigentliche Reparatur erfolgt dann wieder durch Verschieben des Teilstücks an die passende Stelle.

Sie glauben gar nicht, wie entspannend es sein kann, die zerbrochenen Objekte zu reparieren!

Es beginnt recht einfach ...

Drehen Sie die Stücke am unteren Bildrand, und verschieben Sie sie anschließend an die richtige Stelle!

Dreidimensionale Objekte werden per Wischgeste gedreht.

Kapitel 5: Kniffelige Knobelei – Puzzeln, Verschieben und Kombinieren

Die Gegenstände werden in höheren Leveln zunehmend komplexer.

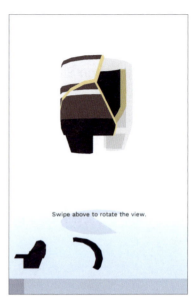

Was es mit den In-App-Käufen auf sich hat, lesen Sie ab Seite 94 unten.

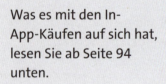

Mekorama – hilf dem Roboter!

In diesem Spiel helfen Sie einem putzigen kleinen Roboter, sich durch ein Gebäude zu bewegen und den Ausgang zu finden. Dabei lassen sich einzelne Gebäudeteile mithilfe von kleinen Funktionsbausteinen, die mit kreisförmigen Symbolen markiert sind, verschieben bzw. bewegen.

1. Suchen Sie das Spiel *Mekorama* im App Store Ihres Smartphones bzw. Tablets, und installieren Sie es. Es ist zunächst kostenlos, bietet aber später sog. *In-App-Käufe* an.

2. Starten Sie das Spiel, und wählen Sie das erste Level durch Antippen aus. In diesem Level namens **Crash Course** lernen Sie die Grundzüge des Spiels kennen:

- Sie bewegen den kleinen Roboter, indem Sie auf eine Stelle tippen, zu der er sich hinbewegen soll. Ist das für den Roboter möglich, so erscheint dort nach dem Antip-

Mekorama – hilf dem Roboter!

pen ein kleiner weißer Punkt, und der Roboter setzt sich in Bewegung. Liegen jedoch Hindernisse im Weg bzw. gibt es keinen Durchgang, so erscheint an der Stelle ein rotes Kreuz, und der Roboter bleibt dort stehen, wo er gerade ist.

- Sie verschieben oder verändern Objekte, indem Sie mit dem Finger auf einen Funktionsstein (erkennbar an den kreisförmigen Symbolen) tippen und diesen bewegen.
- Schließlich lässt sich das Szenario für einen besseren Überblick auch drehen. Wischen Sie dazu mit einem Finger von links nach rechts bzw. umgekehrt über das Display. Per Fingerspreizbewegung können Sie die Szene auch vergrößern, sodass Ihnen kein Detail entgeht.

Im ersten Level lernen Sie die möglichen Spielzüge kennen.

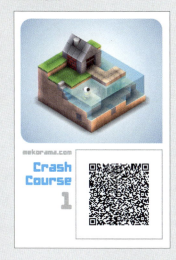

3. Schauen wir uns also einfach das erste Level an: Bewegen Sie den kleinen Kerl zunächst einmal auf die Rasenfläche, indem Sie diese antippen.

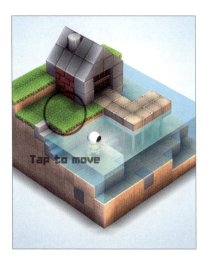 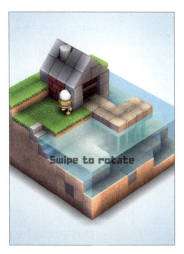

Tap to move: den Roboter durch Antippen bewegen

Swipe to rotate: durch eine Wischbewegung die Ansicht drehen

4. Wischen Sie nun von rechts nach links über den Bildschirm, um zu sehen, was sich hinter dem Haus verbirgt. Dadurch wird die Szene gedreht.

Drag circles: Gegenstände mit dem gedrückten Finger verschieben

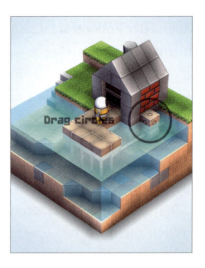

5. Aha! Hinter dem Haus befindet sich ein Funktionsbaustein (erkennbar an der Kreismarkierung). Ziehen Sie diesen mithilfe eines gedrückten Fingers zu den Steinen hin, auf denen sich der kleine Roboter befindet.

6. Bewegen Sie nun den Roboter auf den Funktionsbaustein. Der Baustein kann nun quasi als Fähre verwendet werden, um den Roboter auf die Rasenfläche hinter dem Haus zu bewegen.

Get to the exit! – Der Ausgang ist rot markiert.

7. Drehen Sie die Szene noch einmal per Fingerbewegung, und siehe da: Hinter dem Haus befindet sich der rot markierte Ausgang. Bewegen Sie den Roboter darauf, und Sie haben das erste Level erfolgreich gelöst!

Zugegeben: Das erste Level ist wirklich kinderleicht. Lassen Sie sich überraschen, welche kniffligen Gemeinheiten der Autor in den höheren Leveln in petto hat. Das Bezahlsystem ist übrigens recht pfiffig: Wenn Sie an einer Stelle nicht mehr weiterkommen, dann können Sie sich während des Spiels Tipps durch eine einmalige Bezahlung eines kleinen Geldbetrags anzeigen lassen – man spricht hier, wie eingangs erwähnt, von *In-App-Käufen*. Wer sich also Mühe gibt, kann sich dieses Geld sparen.

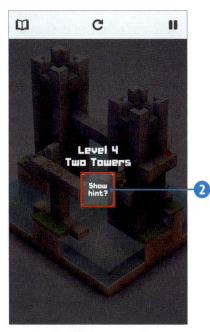

Die höheren Level sind recht vertrackt. Tipps gibt es gegen In-App-Bezahlung. Dazu tippen Sie zunächst auf die Pause-Taste ❶ und anschließend auf die Schaltfläche **Show hint** ❷.

The Room – ein Mystery-Puzzle

Haben Sie Lust auf eine richtig anspruchsvolle Knobelei? Wenn Sie sich bereits in jungen Jahren mit Computerspielen beschäftigt haben, dann ist Ihnen sicher das Spiel *Myst* ein Begriff. Dort musste man in einer surrealen Umgebung altertümliche Maschinen (auch als *Steampunk* bezeichnet) zum Leben erwecken, um hinter das Geheimnis der (in diesem Fall multidimensionalen) Welt zu gelangen. Das Spiel galt seinerzeit ohne Tipps quasi als unlösbar! Von ähnlichem Kaliber ist das Spiel *The Room*, das ich Ihnen nachfolgend vorstellen werde. Also Vorsicht! Das Spiel ist wirklich eine Herausforderung. Aber auch hier gilt: Der Weg ist das Ziel …

Kapitel 5: Kniffelige Knobelei – Puzzeln, Verschieben und Kombinieren

The Room – das Spielprinzip

The Room ist ein sog. *Point-and-Click-Adventure,* was in etwa heißt: ein Abenteuerspiel, in dem man zeigt und klickt. Tippen Sie mit dem Finger, bzw. klicken Sie mit der Maus einen Apparat bzw. Gegenstände an, die sich in einem Raum befinden, und untersuchen Sie diese näher. Oft finden Sie dabei Schalter, die Sie betätigen müssen, oder Werkzeuge bzw. Schlüssel, mit denen sich Schlösser öffnen lassen. Durch Ihre Aktionen entschlüsseln Sie Schritt für Schritt das Geheimnis des Raums bzw. der darin befindlichen Apparatur. Mittlerweile gibt es auch schon zwei Nachfolgeversionen des Originalspiels.

Wie Sie ein Spiel von der *Steam*-Plattform installieren, lesen Sie ab Seite 27.

1. Installieren Sie das Spiel The Room. Eine PC-Version erhalten Sie unter *https://store.steampowered.com*. Sie kostet 4,99 €. Es gibt aber auch entsprechende Apps für iOS und Android, die in der gleichen Preiskategorie liegen.

2. Starten Sie das Spiel, nachdem Sie es heruntergeladen haben, und wählen Sie die Option **Neues Spiel** ❶. Ein Tutorial führt Sie im ersten Kapitel in die Steuerung des Spiels ein. Arbeiten Sie dieses nach Anleitung durch.

The Room – ein Mystery-Puzzle

Suchen Sie nach Schlüsseln, um geheimnisvolle Türen zu öffnen.

Das Okular ❷ deckt geheime Spuren auf.

Und so funktioniert es:

- Tippen Sie Gegenstände an, um diese zu untersuchen.
- Verwenden Sie das am rechten Rand befindliche Okular, um kleine Objekte zu vergrößern bzw. verdeckte Spuren sichtbar zu machen. Das Okular erhalten Sie im Laufe des Tutorials.
- Zoomen Sie, indem Sie Ihre Finger auf dem Display spreizen, in die Szene hinein, damit Ihnen Details nicht

Tippt man das Fragezeichen am rechten Rand an, dann erhält man Lösungshinweise.

entgehen. Zurück zur Gesamtübersicht gelangen Sie durch das Zusammenziehen der Finger.
- Befolgen Sie die Tipps, die Sie erhalten, wenn Sie auf das Fragezeichen ❸ am rechten Rand tippen.

- Diverse Gegenstände können Sie durch Antippen in das sog. Inventar befördern. Diese erweisen sich später als nützlich.

Sie haben das erste knifflige Kapitel tatsächlich gelöst? Dann stürzen Sie sich doch gleich auf die nächsten Kapitel!

Physik, die Spaß macht: Machinery

Ihnen war der Physikunterricht zu Schulzeiten immer schon ein Graus? Vielleicht lag es ja daran, dass Sie selber nicht experimentieren durften. Das Spiel *Machinery* gibt Ihnen jedenfalls alle Gelegenheit dazu. Sehen Sie selbst: Basteln mit Technik unter Zuhilfenahme physikalischer Gesetze macht Spaß!

1. Suchen Sie das Spiel Machinery im App Store Ihres Mobilgeräts, und installieren Sie es.

Physik, die Spaß macht: Machinery

2. Starten Sie das Spiel, und tippen Sie zunächst auf das dreieckige Symbol ❶. Dieses führt Sie zum eigentlichen Spiel. Tippen Sie anschließend auf **Chapter 1**, und wählen Sie das erste Unterkapitel ebenfalls durch Antippen aus.

Machinery – Ziel des Spiels

Sie sehen einen grünen Ball und ein gelbes Kästchen. Wenn Sie auf die Schaltfläche **Start** ❷ tippen, dann rollt der Ball los. Ziel ist es, dass der Ball im gelb gestrichelten Bereich landet. Um das zu erreichen, stehen Ihnen verschiedene Bauteile am linken Rand zur Verfügung.

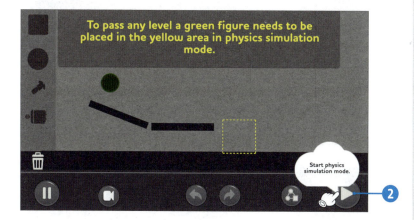

Ziel des Spiels: den grünen Ball in das gelbe Quadrat befördern – in Level 1.1 gelingt das noch ganz ohne Hilfsmittel.

3. Das erste Level 1.1 ist äußerst simpel: Sie brauchen den Ball nur losrollen zu lassen, und er bewegt sich dann über die zwei Holzplanken automatisch in den gelben Bereich.

Generell empfiehlt es sich übrigens immer, gleich zu Beginn einmal den Play-Knopf zu betätigen, um zu schauen, was mit dem Ball passiert. Danach können Sie per Stopp-Taste wieder von vorn beginnen und einzelne Objekte verbauen, die den Lauf des Balls steuern.

Vor jedem Level können Sie sich über die **Start**-Schaltfläche den Lauf des Balls anschauen.

Kapitel 5: Kniffelige Knobelei – Puzzeln, Verschieben und Kombinieren

4. Im nächsten Level kommen die Werkzeuge am linken Displayrand zum Einsatz. Sie benötigen zusätzlich ein Bauteil aus dem Werkzeugschrank am linken Displayrand, und zwar den Würfel ❸. Ziehen Sie diesen an die passende Stelle. Der Würfel lässt sich nun per Finger drehen und in seiner Größe ändern. Man kann damit also auch ein Brett formen ❹, das den Lauf der grünen Kugel beeinflusst. Wenn sich das Objekt an einer unzulässigen Stelle befindet, färbt es sich rot ❺. Was erschwerend hinzukommt: Die Anzahl der Objekte im Werkzeugschrank ist begrenzt.

Die Objekte im Werkzeugschrank können Sie drehen und in der Größe anpassen.

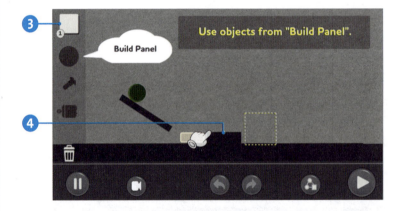

Wird ein Objekt falsch platziert, färbt es sich rot.

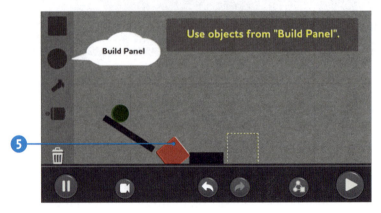

Wenn Sie ein Objekt an der falschen Stelle eingesetzt haben und der Ball dadurch nicht im gelben Kasten landet, dann beginnen Sie das Level einfach erneut über **Start**.

Und, was meinen Sie, Physik kann doch recht spaßig sein, oder? Viel Vergnügen bei den nächsten Leveln!

Brücken bauen wie ein Ingenieur

Wie wäre es mit einer Konstruktionsaufgabe? Sie sollen eine stabile Brücke bauen, über die dann später auch Autos bzw. Lkws fahren können. Derartige Brückenbau-Apps gibt es mittlerweile zu Hauf in allen App Stores. Schauen wir uns einfach einmal ein Beispiel an:

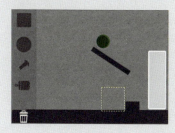

Die Objekte können auch zum Abprallen genutzt werden.

1. Suchen Sie im App Store Ihres Mobilgeräts nach der App *Bridge Constructor* von ClockStone Studio, und installieren Sie diese.

2. Starten Sie die App durch Antippen des App-Symbols, und klicken Sie im Einführungsdialog auf die Schaltfläche **Spielen** ❶. Bestätigen Sie die nachfolgende kurze Erläuterung mit **OK**.

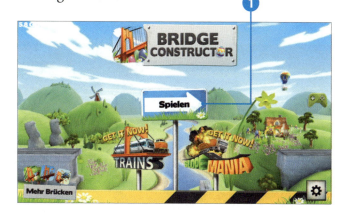

3. Tippen Sie auf der Karte den Bereich **Westlands** an. Sie erhalten Ihren ersten Bauauftrag. Starten Sie diesen durch Anklicken der Schaltfläche **Bauen**. Bestätigen Sie den erläuternden Dialog mit **OK**.

Kapitel 5: Kniffelige Knobelei – Puzzeln, Verschieben und Kombinieren

Bridge Constructor – das Spielprinzip

Es werden jeweils Balkensegmente zwischen weißen Ankerpunkten aufgespannt. Die Segmente erzeugen Sie per Fingerstreichbewegung zwischen den Ankerpunkten. Wenn Sie sich einmal vertan haben sollten, können Sie das Brückenelement durch doppeltes Antippen oder durch Antippen des Zurück-Pfeils wieder zurücklegen. Die Gelenkpunkte der Brücken lassen sich auch verändern, indem man länger darauf tippt und diese mit den nun erscheinenden blauen Pfeilen verschiebt. Nach Abschluss der Bauarbeiten wird die Brücke getestet, indem man Autos über sie fahren lässt. Hält die Brücke auch dem Gewicht eines Lkws stand, dann gibt es dafür Bonuspunkte. Später findet man dann komplexere Baumaterialsammlungen auf der rechten Seite des Bildschirms, wenn man eine Wischbewegung durchführt.

Per Fingerstreichbewegung zwischen den Ankerpunkten erzeugen Sie Brückensegmente. Durch doppeltes Antippen oder den Zurück-Pfeil werden diese wieder entfernt.

4. Ziehen Sie per Fingerstreich Brückensegmente auf. Diese lassen sich jeweils zwischen den weißen Statikpunkten, aber auch entlang der vorgegebenen gestrichelten Linien setzen. Wir begnügen uns zunächst mit der einfachsten Form, die lediglich aus zwei Segmenten besteht.

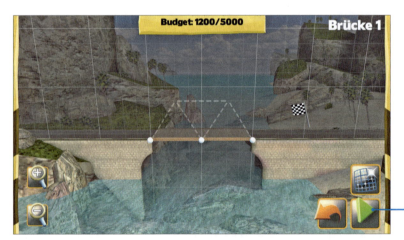

5. Nun testen wir die Brücke einmal. Tippen Sie dazu auf den Play-Knopf ❷. Es erscheint eine neue Ansicht. Tippen Sie hier auf der rechten Seite das Pkw-Symbol ❸ an. Daraufhin fahren zwei Pkws über die Brücke, und diese hält der geringen Belastung wohl noch einigermaßen stand.

6. Nun versuchen Sie das Ganze auch noch mit zwei Lkws, indem Sie das entsprechende Symbol ❹ antippen. Das geht grandios schief!

Unsere Brücke ist nicht für den Lkw-Verkehr geeignet!

Die Gelenkpunkte der Brücke können Sie nach einem längeren Fingertipp auch verschieben.

7. Per Dialog wird Ihnen angeboten, die Konstruktion noch einmal zu wiederholen. Das wollen wir gerne tun. Die stabilere Variante der Brücke sieht dann folgendermaßen aus:

… und siehe da, nun klappt es auch mit den Lkws!

Die neue Brücke hält!

Wenn Sie etwas genauer hinsehen, dann werden Sie bemerken, dass die neue Brücke ein wesentlich höheres Budget verschlungen hat als die einfache Version. Und genau hier liegt der Pferdefuß: Man muss eine Balance finden zwischen Budget und Stabilität. Der pfiffige Erfinder des Spiels lässt sich im Übrigen dadurch entlohnen, dass er Ihnen per *In-App-Bezahlung* (siehe dazu auch die Erklärungen ab Seite 94 unten) Tipps zur Konstruktion einer Brücke in schwierigen Leveln zukommen lässt. Später erhalten Sie auch andere Baumaterialien, z. B. Betonpfeiler, die Ihnen das Ingenieursleben deutlich erleichtern.

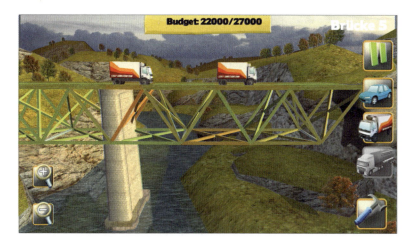

Betonpfeiler verbessern die Statik deutlich. Wenn die Fahrzeuge über die Brücke fahren, dann erkennt man anhand der orangen bis rötlichen Färbung deutlich, welche Brückensegmente einer höheren Belastung unterworfen sind.

Tetris – der Klassiker der Klötzchenspiele

Ich kann mich noch recht gut daran erinnern, als *Tetris* in mein Leben trat. In unserem Physikinstitut war das Spiel ein absoluter Renner auf den damals recht schwachbrüstigen PCs. Es war de facto das erste breitentaugliche Spiel, welches per Grafikdarstellung zu spielen war. Wirklich jeder jagte damals dem *Highscore* nach, und mein chinesischer Freund und Bürokollege knackte diesen zu unserem Entsetzen mit einem astronomisch hohen Resultat – wie sich später erst herausstellte – dadurch, dass er die Bestenliste mit einem einfachen Texteditor manipulierte. Nun, das haben Sie ja sicher nicht nötig! Auf geht's zu den Ursprüngen der Computerspielkunst!

Tetris wurde 1984 vom russischen Programmierer Alexei Paschitnow entwickelt und hat insbesondere den Siegeszug des allerersten Game Boy eingeläutet.

Kapitel 5: Kniffelige Knobelei – Puzzeln, Verschieben und Kombinieren

Darum geht es bei Tetris

Auf Ihrem Bildschirm fallen von oben nacheinander unterschiedlich geformte Bauklötze herunter. Ziel ist es, diese so zu lenken, dass am unteren Rand jeweils lückenlose Reihen gebildet werden. Ist eine Reihe vervollständigt, so verschwindet sie und macht Platz für weitere Reihen. Für das Tilgen von Reihen gibt es Punkte. Türmen sich die noch lückenhaften Reihen, die Sie nicht füllen konnten, bis zum oberen Spielfeldrand auf, ist das Spiel beendet. Die Bauklötze werden dabei in 90-Grad-Schritten von Ihnen gedreht und verschoben. Sie dirigieren sie mit der ←-Taste und der →-Taste in die entsprechende Richtung. Mit der ↑-Taste lassen sich die Bauteile drehen, per ↓-Taste wird das fallende Bauteil schneller auf den Boden des Bildschirms befördert.

Um das Spiel auszuprobieren, genügt eine einfache Browserspiel-Variante:

1. Öffnen Sie im Internet die Seite *https://tetris.com/play-tetris*.

2. Warten Sie die Werbung ab, bevor das Spiel erscheint.

3. Klicken Sie mit der Maus auf die **Play**-Schaltfläche ❶, und schon kann es losgehen.

Steuerung

← : Klötzchen nach links bewegen

→ : Klötzchen nach rechts bewegen

↑ : Klötzchen drehen

↓ : Klötzchen schneller nach unten bewegen (beschleunigt den Spielfluss)

Nachfolgend noch einige Tipps für fortgeschrittene Tetris-Spieler:

- Eine gestrichelte Darstellung am unteren Bildrand zeigt Ihnen, wie der aktuell fallende Bauklotz zum Liegen kommen wird.
- Am rechten Bildrand erscheinen unter der Rubrik **Next** (*Weiter*) die nächsten drei Klötze, davon wird der an oberer Stelle erscheinende Bauklotz zuerst fallen. So können Sie sich schon einmal Gedanken machen, wo Sie die neuen Klötze unterbringen können.
- Man kann einen Klotz durch blitzschnelles Betätigen der ← -Taste bzw. → -Taste kurz vor dem Erreichen der

Kapitel 5: Kniffelige Knobelei – Puzzeln, Verschieben und Kombinieren

letzten Reihe auch noch jeweils einen Schritt nach links bzw. rechts dirigieren. Dadurch ist es oftmals möglich, bestehende Hohlstellen aufzufüllen.

- Durch Anklicken der Schaltfläche **Hold** (*Halten*) kann der aktuell fallende Stein auch für eine spätere Verwendung gespeichert werden.

Selbstverständlich gibt es auch unzählige Tetris-Varianten für Ihr Smartphone. Die hier gezeigte Version von Electronic Arts verfügt über eine vereinfachte One-Touch-Steuerung. Dabei weisen Sie dem aktuell fallenden Stein einfach seinen Platz am unteren Bildrand durch Antippen der gewünschten Stelle zu.

KAPITEL 6
Die Wohlfühloase – Spiele zur Entspannung

Auch Entspannung will gelernt sein! In diesem Kapitel werde ich Sie mit einigen Spielen bekannt machen, die dazu beitragen sollen, Stress und innere Unruhe abzubauen. Dazu ist häufig Meditation ein geeignetes Mittel, und es ist auch das Prinzip der hier vorgestellten Spiele.

»Die Kunst des Ausruhens ist ein Teil der Kunst des Arbeitens.«
John Steinbeck

Proteus

In diesem Spiel geht es nicht darum, irgendwelche Highscores zu knacken oder so schnell wie möglich durch Level zu rasen. Vielmehr haben Sie nun die Gelegenheit, gedankenverloren durch eine pixelig dargestellte Welt zu wandern und über das dort Erlebte zu meditieren.

Eine besondere Atmosphäre schafft zusätzlich die Begleitmusik, die passend zu den Objekten der virtuellen Landschaft generiert wird. *Proteus* beziehen Sie am einfachsten über die *Steam*-Plattform, auf der Sie sich zuvor mit einem Konto registrieren.

Mit *Pixel* werden die Bildpunkte auf einem Bildschirm bezeichnet. Stark vergrößert, erscheint das Dargestellte »pixelig« bzw. »verpixelt«.

Wie Sie sich auf der Steam-Plattform registrieren, ist im Abschnitt »Ein Spiel auf dem PC installieren« ab Seite 27 detailliert beschrieben.

Kapitel 6: Die Wohlfühloase – Spiele zur Entspannung

ACHTUNG

Keine Medizin ohne Nebenwirkungen … 3D-Spiele können bei bestimmten Personen leider auch Übelkeit hervorrufen!

Proteus wird auf dem PC gespielt und kostet aktuell 9,99 €.

Darum geht es in Proteus

Im Gegensatz zu vielen anderen Spielen, in denen eine bestimmte Aufgabe erfüllt werden muss, bewegen Sie sich in Proteus lediglich in einer Landschaft und lauschen den Sphärenklängen. Um die Stimmung ganz einzufangen, empfehle ich Ihnen einen Kopfhörer – so können Sie richtig abtauchen. Ein Kopfhörer wird entweder über einen USB-Anschluss oder eine Klinkenbuchse am PC angeschlossen. Die Buchse für das Mikrofon ist in aller Regel rosa.

Die Landschaft und deren Jahreszeiten sind darüber hinaus einem steten Wechsel unterworfen. Keine Spielrunde gleicht hier einer anderen. Eine kleine Warnung möchte ich an dieser Stelle dennoch aussprechen: Wenn Sie hier empfindlich sein sollten, können dreidimensional dargestellte Spiele zu Übelkeit führen. Vielleicht haben Sie ja eine solche Erfahrung schon einmal in einem 3D-Film im Kino gemacht – dann sollten Sie auf andere Spiele ausweichen oder zumindest dosiert damit umgehen.

1. Um Proteus aus dem Internet herunterzuladen, rufen Sie die Seite *https://store.steampowered.com* auf und melden sich dort mit einem Konto an. Geben Sie anschließend »Proteus« in die Suchmaske in der Menüleiste ein. Klicken Sie den Punkt **In den Warenkorb** an.

2. Im folgenden Dialog erscheint nun die Auswahlmöglichkeit **Für mich selbst kaufen**. Klicken Sie auch diesen Punkt an, und das Spiel wird anschließend installiert. Proteus kostet aktuell 9,99 €.

3. Starten Sie das Spiel durch Anklicken des Symbols auf dem Desktop oder im Startmenü – vor Ihnen liegt eine unbekannte Insel, die es zu entdecken gilt.

4. Sie gelangen in die eigentliche Spielszenerie, indem Sie beim Eröffnungsbild die Leertaste betätigen. Sie befinden sich zunächst im Meer. Vor Ihnen liegt eine Insel, die es zu erforschen gilt. Die verschiedenen Landschaften sind mit eigentümlichen Kreaturen bevölkert und geben eigenartige Geräusche von sich. Sie können hier sogar Berge besteigen und die Insel von oben betrachten. Gesteuert wird folgendermaßen:

- Mausbewegung nach links: Sie schauen nach links.
- Mausbewegung nach rechts: Sie schauen nach rechts.
- Mausbewegung nach oben: Sie schauen nach oben.
- Mausbewegung nach unten: Sie schauen nach unten.
- Halten Sie die linke Maustaste gedrückt: Sie bewegen sich nach vorne und wandern in die Szene hinein.
- Halten Sie die rechte Maustaste gedrückt: Sie bewegen sich rückwärts.
- Alternativ lässt sich das Spiel auch über die Tastatur mithilfe der Tasten W, A, S und D spielen.

Mit der Leertaste starten Sie das Spiel.

Die Steuerung erfolgt per Maus oder mithilfe der Buchstabentasten W, A, S und D.
W: nach vorne
A: nach links
S: nach hinten
D: nach rechts

Kapitel 6: Die Wohlfühloase – Spiele zur Entspannung

Panoramical

Das nächste Spiel, das ich Ihnen zur Entspannung vorstelle, ist *Panoramical*. Es ist ebenfalls über die Plattform Steam erhältlich (siehe dazu die Anleitung ab Seite 27). Im Gegensatz zu Proteus können Sie hier die dargestellten Objekte und Landschaften durch Tastatur- und Mausaktionen selbst verändern.

> **Panoramical: interaktive Kunst am Computer**
> Ziel des meditativen Spiels Panoramical ist es, eine vorgegebene grafische Landschaft den eigenen Empfindungen gemäß zu verändern und dadurch vollständig in das Kunstobjekt abzutauchen. Der Gestaltungsprozess wird dabei wie bei Proteus von entspannenden Sphärenklängen begleitet.

> Auch Panoramical beziehen Sie über Steam und können es auf dem PC spielen. Es kostet aktuell 9,99 €.

1. Suchen Sie das Spiel Panoramical auf der Steam-Plattform, und installieren Sie es. Panoramical kostet aktuell 9,99 €.

2. Starten Sie das Spiel. In einer Einstiegssequenz werden Sie zunächst mit den Steuer- bzw. Manipulationsmöglichkeiten bekannt gemacht. Im ersten Teil des Tutorials drücken Sie zunächst den Buchstaben Q ❶ und bewegen gleichzeitig die Maus. Sie sehen dadurch, dass sich ein Fadenkreuz ❷ in einem Quadrat bewegt. Das ist ein Kon-

> **WAS TUN?**
> Wie Sie ein Spiel von der Steam-Plattform installieren, lesen Sie im Abschnitt »Ein Spiel auf dem PC installieren« ab Seite 27.

trollelement, mit dem Sie später bestimmte Eigenschaften des dargestellten Bilds (Formen und Farben) verändern.

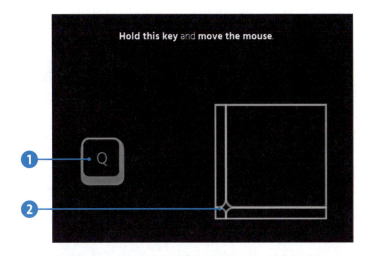

Englisch *Key* bedeutet Taste.

3. Im nächsten Schritt tun Sie das Gleiche noch einmal, nutzen nun aber insgesamt neun Tasten (Q, W, E, A, S, D, Y, X, C) ❸. Jede dieser neun Tasten wird später eine bestimmte Eigenschaft der virtuellen Landschaft verändern können. Spielen Sie ein wenig mit der Steuerung, und beobachten Sie, wie sich das Bild gemäß der Lage des einer Taste zugeordneten Fadenkreuzes verändert.

Kapitel 6: Die Wohlfühloase – Spiele zur Entspannung

Bereit für einen Ausflug in psychedelische Welten? Das erste Bild erscheint! Bewegen Sie nun Ihre Maus in Verbindung mit den oben beschriebenen Tasten, und beobachten Sie, welchen Einfluss Ihre Aktion auf das Bild hat.

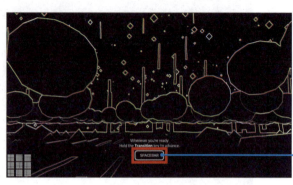

Mit der Leertaste (englisch *Spacebar* ④) schließen Sie die Gestaltung einer Landschaft ab und gelangen zu einem neuen Projekt.

4. Sie möchten eine neue Szene bzw. Landschaft erkunden? Dann drücken Sie einfach länger auf die Leertaste. Nun beginnt das Spiel von vorne!

5. Gefällt Ihnen ein Bildausschnitt besonders gut, dann können Sie im Programm mithilfe der ⇥-Taste einen Screenshot (also ein Standbild der aktuellen Szene) anfertigen. Diese Bilder landen auf Ihrem Computer in Ihrem persönlichen Ordner. Und wer weiß, vielleicht werden Sie ja irgendwann einmal mit den selbst generierten Bildern berühmt, denn jedes ist mit Sicherheit ein Unikat.

Entspannende Seilspiele: Zen Bound

Ein echter Geheimtipp zur Entspannung ist das Spiel *Zen Bound* (mittlerweile auch bereits in der Version 2 erschienen). Ziel ist es, eine geschnitzte hölzerne Figur derart mit einem virtuellen Seil zu umwickeln, dass diese dadurch komplett eingefärbt wird. Überall dort, wo das Seil die Figur berührt, verfärbt sich die Figur.

Zen Bound erhalten Sie zurzeit entweder auf der Spieleplattform Steam unter *https://store.steampowered.com* (siehe dazu den Abschnitt »Ein Spiel auf dem PC installieren« ab Seite 27) oder als App für die mobile Betriebssystemversion iOS – eine Android-Version war zum Zeitpunkt der Drucklegung in Planung.

Auf Steam kostet das PC-Spiel Zen Bound aktuell 4,99 €. Es ist auch als App im Apple Store für das iPhone oder iPad erhältlich. Eine Android-Version ist angekündigt.

Umwickeln Sie die Holzfigur mit dem Seil, sodass diese dunkel eingefärbt wird. Der Nagel hilft dabei, das Seil umzulenken und alle Flächen der Figur zu erreichen.

Das Zium Museum

Wie wäre es mit einem Rundgang durch ein Museum, das voller virtueller Kunstwerke ist? Dann sind Sie herzlich eingeladen, das Projekt *Zium Museum* zu besuchen.

Kapitel 6: Die Wohlfühloase – Spiele zur Entspannung

> **Was ist das Zium Museum?**
>
> *Zium* ist ein Kunstwort, das sich aus den beiden Begriffen Zine (engl. Abkürzung für das Wort »Magazin«) und Museum zusammensetzt. Sie können durch ein virtuelles Museum wandeln, in dem aktuell 37 Künstlerinnen und Künstler ihre digitalen Werke ausgestellt haben. Das digitale Museum wurde in Form einer App realisiert, die für alle gängigen Betriebssysteme (Windows, macOS, Linux) zum Download bereitsteht.

1. Öffnen Sie die Seite *https://theziumsociety.itch.io*, und blättern Sie dort bis zum Link **The Zium Museum (2017)** ❶. Gegebenenfalls hat sich zwischenzeitlich die Jahreszahl geändert. Klicken Sie den Link an.

2. Halten Sie auf der folgenden Seite im Bereich **Download** (eventuell müssen Sie hier wieder etwas nach unten scrollen) Ausschau nach der zu Ihrem Betriebssystem pas-

senden App. Klicken Sie den Downloadlink an. Daraufhin wird eine komprimierte Datei auf Ihren PC geladen.

3. Begeben Sie sich im Dateimanager (z. B. Explorer) in den Ordner *Downloads* ❷, und entpacken Sie dort die komprimierte Datei. In Windows führen Sie dazu einen rechten Mausklick über der Datei durch und wählen den Kontextmenüpunkt **Alle extrahieren**.

Eine komprimierte Datei erkennen Sie in Windows an einem Reißverschluss über dem Bildchen. Dabei werden Dateien zu einem Paket zusammengefasst und nehmen weniger Platz weg.

Ich wurde komprimiert

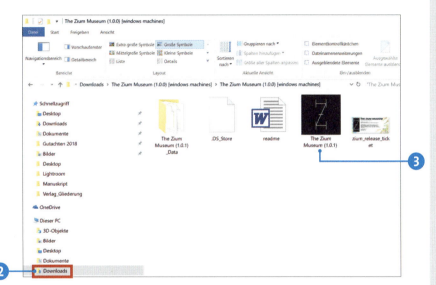

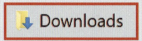

4. Wechseln Sie in den Ordner, der die entpackten Dateien enthält. Hier finden Sie die ausführbare Datei für die App **The Zium Museum** ❸ mit einer nachgestellten Nummer, die sich ggf. von der Abbildung oben unterscheiden kann. Starten Sie das Programm per Doppelklick.

5. Sie werden nun aufgefordert, eine Auflösung (engl.: *Screen resolution*) ❹ für die Bilddarstellung vorzugeben. Wählen Sie dazu die für Ihren Computer empfohlene Auflösung.

WAS TUN?

Welche Auflösung für Ihren Bildschirm am geeignetsten ist, bringen Sie im Dialog **Anzeige** in den Windows-Einstellungen in Erfahrung, am schnellsten durch einen rechten Mausklick über dem Desktop und die Auswahl von **Anzeigeeinstellungen** im Kontextmenü.

Kapitel 6: Die Wohlfühloase – Spiele zur Entspannung

6. Starten Sie das Museumsspiel durch Anklicken der Schaltfläche **Play!** ❺.

7. Führen Sie über dem ersten erscheinenden Bild einen linken Mausklick durch, um fortzufahren. Klicken Sie auch das nächste Bild des Eröffnungsdialogs an, und Sie landen schließlich im Museum.

> **So bewegen Sie sich durch das Museum**
> - Mit den Tasten ⌨W (vorwärts), ⌨A (links), ⌨S (zurück) und ⌨D (rechts) steuern Sie direkt Ihre Bewegung.
> - Durch Verschieben der Maus können Sie sich umsehen.
> - Wenn ein Objekt aktivierbar ist, erscheint nach einem linken Mausklick ein beschreibender Text oder eine Anleitung, was Sie mit diesem Objekt anstellen können. Mit der rechten Maustaste lassen sich Objekte genauer inspizieren – sofern das vom Künstler vorgesehen ist.
> - Per ⌨Esc-Taste gelangen Sie aus den internen Ausstellungen wieder zurück ins Hauptmenü.
> - Die ⌨↵-Taste führt Sie zu einem Menü, in dem Sie Zugang zu externen Ausstellungen erhalten.

Bewegen Sie sich nun frei durch das Museum, und lassen Sie Ihrer Fantasie bei der Interpretation der Objekte freien Lauf!

Hereinspaziert ins Zium!

Das Zium Museum

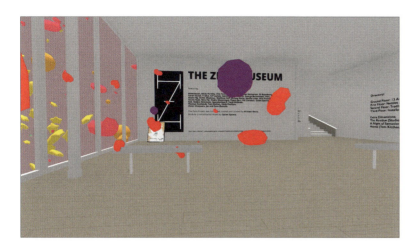

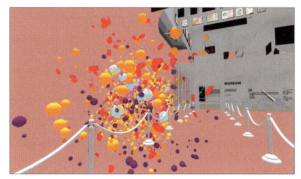

Meditation und Achtsamkeit mit Ease

Im Abschnitt »Memorado – die ›Muckibude‹ für die grauen Zellen« ab Seite 49 haben Sie ein Spiel kennengelernt, das der Schulung der *Achtsamkeit* dienen soll – des bewussten Wahrnehmens der Umgebung und Ihres Körpers. Möchten Sie gleichzeitig meditieren und Ihre Achtsamkeit schulen, dann halten Sie doch einmal im App Store Ihres Mobilgeräts Ausschau nach der App *Ease*. Damit lässt sich in Form von Workshops gezielt entspannen und Stress reduzieren. Ein Sprecher mit sympathischer Stimme führt Sie durch verschiedene Achtsamkeitsübungen. Die ersten Lektionen sind kostenlos, wenn Sie jedoch am Ball bleiben möchten, müssen Sie ein kostenpflichtiges Abonnement abschließen.

Kapitel 6: Die Wohlfühloase – Spiele zur Entspannung

In der ersten Übung beobachten Sie einen Ballon, der durch die Landschaft schwebt. Die angenehme Stimme des Kommentators leitet Sie dabei an, auf eine Gedankenreise zu gehen. Am unteren Bildrand erscheint die Restzeit der Übung.

KAPITEL 7
Bildung spielerisch ausbauen

Wie sagte einst der bekannte deutsche Kabarettist Dieter Hildebrandt: »Bildung kommt von Bildschirm. Wenn es von Buch käme, hieße es Buchung.« Der Mann war seiner Zeit weit voraus! Mit ausgetüftelten Lernkonzepten und nahezu unbegrenzten Möglichkeiten ist der Computer als Wissensvermittler gerade auch aus dem Schulalltag nicht mehr wegzudenken. Sie profitieren dadurch, dass es auch für Sie viele Lernangebote gibt, die Ihnen per Smartphone, Tablet oder PC zur Verfügung stehen. Das Lernen erfolgt hier in spielerischer Weise.

»Bildung ist das, was übrig bleibt, wenn wir vergessen, was wir gelernt haben.«

Edward Frederick Lindley Wood, 1. Earl of Halifax

Alleswisser statt Besserwisser

Äußerst beliebt zur Überprüfung, aber auch zum Ausbau des Allgemeinwissens sind Quizspiele aller Art. Diese sind reichlich in den App Stores der Mobilgeräte vertreten. Beginnen wir mit dem Spiel *Alleswisser*, welches Ihnen und Ihrer ganzen Familie ganz sicher große Freude bereiten wird. Das Spiel erinnert ein wenig an das weltbekannte Brettspiel *Trivial Pursuit* – ist jedoch wesentlich geeigneter, wenn es darum geht, mehrere Generationen am Spieltisch zu vereinen.

Kapitel 7: Bildung spielerisch ausbauen

Alleswisser gibt es auch als Brettspiel, das Hand in Hand mit der App arbeitet.

Alleswisser

> **Alleswisser – passt sich dem Bildungsstand an**
>
> Das Spiel Alleswisser ist sehr gut geeignet für interfamiliäre Wissensduelle, denn der Schwierigkeitsgrad bzw. der Hintergrund der Fragen lässt sich zielgerecht auf die jeweiligen Kandidaten anpassen. So wird der Nachwuchs nicht mit der Frage behelligt, welcher US-Präsident zum Zeitpunkt der Kuba-Krise im Amt war, und Sie müssen sich nicht den Kopf darüber zerbrechen, welcher Rapper die Hauptrolle im Film *8 Mile* übernommen hat. Der Clou an dem Spiel ist, dass es auch in Verbindung mit einem gleichnamigen Brettspiel vom selben Hersteller gespielt werden kann – analoge und digitale Welt verschmelzen. Mehr Informationen dazu finden Sie hier: *https://alleswisser-quiz.de*. Auf der Webseite finden Sie auch das ausführliche Handbuch zum Download.

1. Begeben Sie sich mit Ihrem Smartphone oder Tablet in den App Store, und suchen Sie dort das Spiel Alleswisser von Jörg Ronniger. Installieren Sie es.

2. Starten Sie das Spiel durch Antippen des Symbols. Zu Beginn des Spiels erhalten Sie einige Tipps zum Spiel, die Sie durch Antippen des Bildschirms Seite für Seite lesen können. Android-Nutzer erfahren hier u. a., wie sie die Sprachausgabe des Spiels optimal konfigurieren. Danach kann's losgehen.

3. Zunächst müssen Sie sich entscheiden, ob Sie die Variante mit Brettspiel oder die rein digitale Variante spielen möchten. Ich gehe nachfolgend davon aus, dass Sie noch nicht über das zugehörige Brettspiel verfügen. Tippen Sie in diesem Fall das rechte Symbol mit den bunten Kacheln an ❶. Damit starten Sie die rein digitale Version.

Alleswisser statt Besserwisser

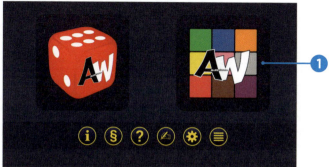

Es gibt zwei Varianten des Spiels: die Brettspielvariante (linkes Symbol) und die rein digitale Variante (rechtes Symbol).

4. Nun wird Ihnen ggf. angezeigt, dass es einen aktualisierten Fragenkatalog gibt. Stellen Sie sicher, dass Ihr Smartphone bzw. Tablet mit dem Internet verbunden ist, und aktualisieren Sie den Fragenkatalog mit **OK** ❷.

Der Fragenkatalog des Spiels wird stets auf dem Laufenden gehalten.

5. Legen Sie nun im folgenden Dialog einen Spielkandidaten an. Dabei ist das Alter sehr wichtig: Danach wird der Schwierigkeitsgrad der Fragen bemessen. In der Digitalvariante können Sie lediglich zwischen einem und zwei Spielern wählen. Die Brettspielvariante ist hingegen ausgelegt für zwei bis vier Spieler. Ich gehe davon aus, dass Sie das Spiel zunächst einmal allein testen möchten. Legen Sie also einen Spieler an, indem Sie Ihre persönlichen Daten im Dialog eingeben, und bestätigen Sie Ihre Eingaben mit **OK** ❸.

Die Spielerprofile sorgen für altersgerechte Fragen.

Kapitel 7: Bildung spielerisch ausbauen

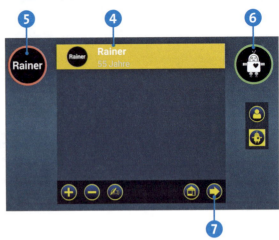

6. Tippen Sie zunächst Ihren Namen in der Liste ❹ und anschließend das Feld in der oberen linken Ecke ❺ an. Dadurch werden Sie als Spieler gesetzt und treten gegen einen Computergegner an. Dessen Symbol erscheint in der oberen rechten Ecke ❻.

7. Tippen Sie nun das Pfeilsymbol ❼ an, um fortzufahren. Gleich in der ersten Runde sind Sie dran. Es erscheint eine quadratische Anordnung mit neun Symbolen. Jedes dieser Symbole entspricht einem Wissensgebiet. Sie müssen nun versuchen, ähnlich wie beim Spiel *Tic-Tac-Toe* drei Fragen aus drei Teilgebieten zu beantworten, die entweder waagerecht oder senkrecht in derselben Reihe liegen.

Das sind die Wissensgebiete

(von links nach rechts und oben nach unten):
- Mensch und Technik
- Filme und Musik
- Allgemeinwissen
- Erdkunde und Natur
- Sport
- Spiel und Spaß
- Alleswisser (= Fragen aus allen Gebieten)
- Geschichte
- Kunst und Kultur

8. Wählen Sie also eines der Gebiete durch Antippen aus, und versuchen Sie, die folgende Frage zu beantworten. Beachten Sie, dass Ihre Zeit dafür begrenzt ist. Tippen Sie nach Beantwortung der Frage auf den **Fortsetzen**-Pfeil ❽. Haben Sie die Frage richtig beantwortet, dann erscheint auf der zugehörigen Kategorie nun ein Kreuz. War Ihre Antwort hingegen falsch, dann erscheint dort das Kreissymbol des Robotergegners.

9. Sie können während des Spiels auch einen Joker einsetzen, wenn Sie sich nicht sicher sind. Dann werden zwei der vier möglichen Antworten ausgeblendet. Das kennen Sie sicher aus der TV-Show *Wer wird Millionär?*. Tippen Sie dazu auf das Joker-Symbol am unteren Bildrand ❾.

Der 50:50-Joker erhöht Ihre Chancen.

Kapitel 7: Bildung spielerisch ausbauen

Wenn Sie drei Kreuze waagerecht oder senkrecht in eine Reihe setzen konnten, dann haben Sie gewonnen.

Sie können die Antwort auf eine Frage nicht so recht glauben? Dann können Sie das **i**-Symbol am unteren Bildrand ❿ nach der Beantwortung einer Frage antippen. Dadurch wechselt die App zu einer entsprechenden Stelle in der Internet-Enzyklopädie *Wikipedia*, wo Sie die korrekte Antwort recherchieren können.

Die Wikipedia ist der Oberschiedsrichter.

Richtig toll ist aber, wie bereits erwähnt, die Möglichkeit, durch Anpassen des Spielprofils altersgerechte Fragen zu erhalten. So bleibt das Spiel auch spannend, wenn Sie gegen Ihre Enkelkinder spielen.

Alleswisser statt Besserwisser

Die Fragen werden für die Kinder und Enkelkinder altersgemäß angepasst. So erhält der Nachwuchs eine reelle Chance.

Mehrwert durch das Brettspiel

Eine nette Idee des Alleswisser-Entwicklers ist die Möglichkeit, die App mit einem Brettspiel zu verknüpfen. Dabei würfeln alle Beteiligten, wenn sie an der Reihe sind, und bewegen ihre Spielfiguren über das kreisförmige Feld. Das Feld, auf dem die Figur ankommt, bestimmt das Gebiet, aus dem die Frage gestellt wird. Hat der Kandidat bzw. die Kandidatin zwei Fragen aus dem Gebiet richtig beantwortet, so erhält er oder sie den Kategorienpokal für das entsprechende Wissensgebiet. Gewonnen hat, wer alle Kategorienpokale zu sämtlichen Wissensgebieten ergattert hat. Alternativ gewinnt, wer das Spielbrett mit der Spielfigur dreimal umrundet hat. Besonders unterhaltsam sind dabei die Minispiele, die von Zeit zu Zeit absolviert werden müssen. Mehr Informationen finden Sie hier: *https://alleswisser-quiz.de/Spielanleitung.pdf*.

Beim Alleswisser-Brettspiel können sich bis zu vier Spieler unterschiedlichen Alters messen.

Kapitel 7: Bildung spielerisch ausbauen

Wer wird reich steht kostenlos in den App Stores zur Verfügung. Die Pro-Version gibt es für 1,79 €.

Wer wird reich

Wenn Sie ein Fan von allabendlichen Quizsendungen à la *Wer wird Millionär?*, *Wer weiß denn sowas?* und Co. sind, dann wird Ihnen das in diesem Abschnitt vorgestellte Spiel sicher besondere Freude bereiten. Es hat mir schon so manche Vertretungsstunde als Lehrer gerettet. *Wer wird reich* ist quasi die Volksversion von *Wer wird Millionär?*. Es gibt eine kostenlose, werbefinanzierte Version sowie eine recht günstige Pro-Version für 1,79 €, die keine Werbung enthält.

1. Installieren Sie die App aus dem App Store Ihres mobilen Betriebssystems.

2. Starten Sie die App durch Antippen des App-Symbols. Es erscheint ein Begrüßungsdialog, der Ihnen die aktuellen Neuerungen im Programm vorstellt. Überspringen Sie diesen mit **OK**.

3. Wählen Sie auf der Startseite die Option **Neues Spiel** ❶. Ganz unten auf der Startseite erscheint Ihr aktueller Status, der zu Beginn auf **Newbie** ❷ (engl. für Anfänger) gesetzt ist.

4. Es erscheint gleich die erste Frage. Sie spielen um virtuelles Geld, und die Frage wird der Kategorie **100 €** zugeordnet, ist also dementsprechend leicht. Es gibt in der Standardvariante auch kein Zeitlimit zur Beantwortung der Fragen.

5. Versuchen Sie nun, so weit wie möglich die Geldleiter emporzukommen. Im Gegensatz zum Vorbild ist bei Wer wird reich aber nicht bei einer Million Schluss – es geht hoch bis zu einem Preisgeld von fünf Millionen. Dementsprechend knackig sind auch die hochpreisigen Fragen.

6. Sollten Sie an einer Stelle nicht weiterkommen, so haben Sie die Möglichkeit, einen von drei Jokern auszuwählen. Diese erreichen Sie über die Schaltfläche am oberen rechten Bildrand ❸. Als Joker stehen Ihnen jeweils einmal zur Verfügung:

Haben Sie einen Joker schon verwendet, so erscheint er durchgestrichen.

❹ der **50:50-Joker**: reduziert die möglichen Antworten von vier auf zwei

❺ der **Publikumsjoker**: Ein Gast aus einem Pseudopublikum wird nach seiner Meinung gefragt. Achtung: Hier kann es durchaus vorkommen, dass dessen Antwort »Ich weiß es nicht« lautet! Dadurch ist Ihnen natürlich nicht geholfen.

Kapitel 7: Bildung spielerisch ausbauen

Die App *Wer wird Millionär?* wird von RTL als Trainingslager für die Original-Gameshow angepriesen.

6 der **Frage-tauschen-Joker**: bietet die Möglichkeit, die aktuelle Frage gegen eine andere zu tauschen

7. Je nachdem, wie weit Sie es im Spiel gebracht haben, dürfen Sie sich anschließend im Highscore verewigen.

Das Original: Wer wird Millonär?

Natürlich können Sie über den App Store auch *Wer wird Millionär?* auf Ihr Smartphone befördern. Eine entsprechende Suche führt Sie direkt zu dem Spiel, das vom Sender RTL vertrieben wird.

Quizduell – messen Sie sich mit anderen Spielern!

Das Besondere an Quizduell: Sie messen sich mit einer Vielzahl von Spielern in der virtuellen Spielegemeinschaft.

Einen gigantischen Siegeszug im Bereich der Quizspiele hat zweifelsohne die beliebte App *Quizduell* angetreten. Eine Zeit lang sah man insbesondere erwachsene Menschen permanent den Smartphone-Bildschirm anstarren, um virtuelle Duelle mit Spielern aus der gesamten Republik auszufechten. Sollte das an Ihnen vorbeigegangen sein, dann haben Sie nun die Gelegenheit, sich von der besonderen Faszination dieses Quizspiels für alle Generationen zu überzeugen.

Darum geht es beim Quizduell

Sie treten gegen Spieler aus aller Welt (vornehmlich aber aus Ihrem eigenen Land) an. Derjenige Spieler, der am Zug ist, darf sich ein bestimmtes Wissensgebiet aussuchen. In der ersten Runde wird das Gebiet vom System bestimmt. Versuchen Sie, so viele Fragen wie möglich richtig zu beantworten, um mehr Punkte als der Gegner zu machen und diesen zu besiegen. Die Punkte werden in Form roter (Frage falsch beantwortet) und grüner (Frage richtig beantwortet) Rechtecke dargestellt.

1. Suchen Sie im App Store nach der App Quizduell, und installieren Sie diese.

2. Starten Sie die App. Im ersten Schritt müssen Sie ein Konto (engl.: *Account*) erstellen ❶, um an dem regen Treiben teilnehmen zu können. Sollten Sie im Besitz eines Facebook-Kontos sein, dann können Sie die App auch damit verknüpfen ❷.

Für Quizduell benötigen Sie einen Account, ein (kostenloses) Konto. Das kann auch Ihr Facebook-Account sein.

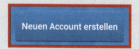

Kapitel 7: Bildung spielerisch ausbauen

3. Bestätigen Sie im nächsten Schritt die Nutzungsbedingungen, und tippen Sie auf die Schaltfläche **Neues Spiel starten** ❸. Sollten Sie das erste Mal bei Quizduell sein, dann tippen Sie einfach auf die Schaltfläche **Beliebiger Spieler**, um einen Gegner zu finden. Nachdem Ihnen das System einen solchen gesucht hat, tippen Sie einfach auf den Namen des Spielers bzw. der Spielerin, und schon kann es losgehen.

Über **Spieler suchen** können Sie Freunde und Bekannte, die das Spiel ebenfalls spielen, direkt herausfordern.

Spannender ist es natürlich, wenn Sie einen Freund oder Bekannten herausfordern. Dazu müssen Sie seinen Spielernamen bei Quizduell kennen. Sie können den Freund dann über die Schaltfläche **Spieler suchen** ausfindig machen und herausfordern.

Für die Beantwortung einer Frage haben Sie 20 Sekunden Zeit. Mit einem Tipp auf den oberen Bildrand geht es zur nächsten Frage.

4. Die erste Runde beginnt. Tippen Sie auf die Schaltfläche **Spielen** ❹ und anschließend auf das Bild **Quizduell**. Ihnen werden nun drei Fragen zum aktuellen Thema (im vorliegenden Fall **Musik & Hits** 5) gestellt, die Sie jeweils durch Antippen der richtigen Antwort lösen müssen. Beachten Sie, dass Ihnen zur Beantwortung der Frage ein Zeitlimit von 20 Sekunden gesetzt wird. Um die jeweils nächste Frage zu erhalten, tippen Sie einfach oben auf den Bildschirm.

5. Haben Sie die Runde erfolgreich bestritten? Dann dürfen Sie sich nun das Thema für die nächste Fragerunde aussuchen. Sie können dabei aus drei Kategorien 6 wählen. Tippen Sie die gewünschte an.

Auf geht's zur nächsten Runde!

6. Insgesamt geht es über sechs Runden. Derjenige Spieler, der die meisten grünen Rechtecke und somit richtige Antworten zu verzeichnen hat, ist der Sieger. Das Fernziel ist natürlich, sich im Quizduell-Highscore so weit wie möglich hochzuarbeiten.

Kapitel 7: Bildung spielerisch ausbauen

Das geografische Wissen aufpolieren – mit Map Quiz

Sie kennen sie höchstwahrscheinlich aus Ihrem Erdkundeunterricht aus der Schule: die sog. *stumme Karte*. Dabei werden Länder auf einem Globus oder einer Karte in Form von Umrissen markiert, und Sie müssen die Länder mit Namen versehen. Derartige Spiele gibt es natürlich auch für PC, Smartphone und Tablet. Sehen wir uns dazu ein Beispiel an.

1. Begeben Sie sich per Browser auf die Seite *https://online.seterra.com/de*. Der Anbieter Seterra bietet hier Online-Geografiespiele an.

2. Wählen Sie einen Kontinent, ein Gebiet oder eine Region aus, deren Länder oder Städte Sie gerne näher kennenlernen möchten. Ich wähle nachfolgend aus der Liste **Deutschland: Bundesländer** ❶.

3. Sie werden nun aufgefordert, auf vorgegebene Bundesländer zu klicken. Liegen Sie richtig, dann wird das entsprechende Land weiß gefärbt, andernfalls erscheint es in der Endabrechnung gelb.

Lediglich Bayern und Baden-Württemberg wurden verwechselt. Na ja, das kann schon mal vorkommen ☺.

Natürlich gibt es derartige Spiele, wie gesagt, auch für Ihr Mobilgerät. Halten Sie dazu im App Store einfach mal Ausschau nach Apps, die den Namen *Map Quiz* tragen.

Spiele mit stummen Karten gibt es auch für Smartphone und Tablet.

Spielerisch Sprachen lernen – mit Babbel und Co.

Eine Urlaubsreise steht an, und Sie möchten die Sprache des Urlaubslandes zumindest in Ansätzen verstehen? Dann ist eine Sprachlern-App genau das Richtige für Sie! Der Platzhirsch auf diesem Gebiet ist hier sicherlich der kommerzielle Anbieter *Babbel*. Werfen wir doch einmal einen Blick auf dessen Angebot:

Kapitel 7: Bildung spielerisch ausbauen

1. Begeben Sie sich per Browser auf die Seite *https://de.babbel.com*, und registrieren Sie sich dort, indem Sie die Schaltfläche **Registrieren** oben rechts anklicken.

2. Geben Sie im ersten Schritt die Sprache an, die Sie lernen möchten. Natürlich werden Sie später die Gelegenheit haben, noch weitere Sprachen Ihrem Lernkatalog hinzuzufügen.

3. Geben Sie Ihre persönlichen Daten ein, und erstellen Sie ein Passwort. Ihnen wird daraufhin eine E-Mail zugeschickt. Klicken Sie auf den Link, und Ihr Konto wird bestätigt.

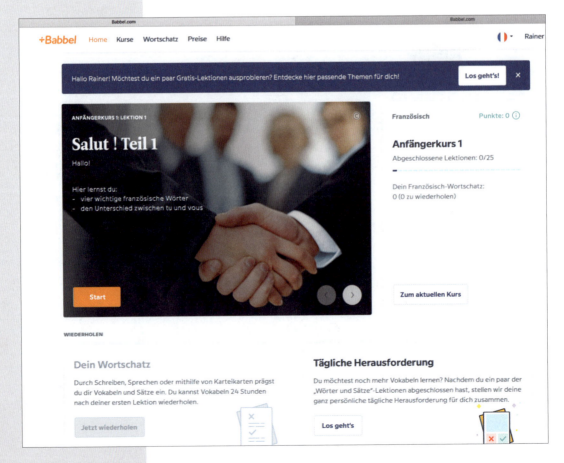

136

4. Nun können Sie bereits die erste Probelektion im Browser beginnen. Wenn Sie am Ball bleiben möchten, dann bietet sich der Abschluss eines Abonnements an. Dieses bewegt sich mit 9,95 € pro Monat pro Sprachpaket preislich in derselben Größenordnung wie die Abos bei Musik- oder Videostreaming-Diensten. Im Luxuspaket (99 € pro Jahr) erhalten Sie Zugang zu sämtlichen Sprachen, die Babbel anbietet.

Babbel bietet ausgefeilte pädagogische Konzepte.

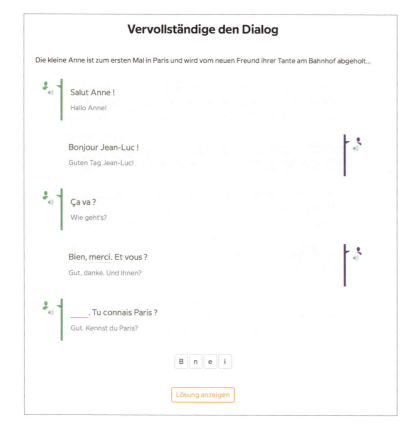

Babbel bietet außerdem eine App für Smartphones bzw. Tablets an, sodass Sie Ihr Sprachtraining auch unterwegs fortsetzen können. So macht Sprachenlernen Spaß!

Kapitel 7: Bildung spielerisch ausbauen

Duolingo – die kostengünstige Alternative

Duolingo beginnt mit einem Einstufungstest und bietet somit auch Fortgeschrittenen eine ideale Lernplattform. Dafür ist die Anzahl der angebotenen Sprachen eher mager.

Etwas günstiger kommen Sie bei *Duolingo* weg. Mithilfe dieser ebenfalls didaktisch hervorragend aufgemachten App lernen Sie Sprachen im Handumdrehen. Ein Einstufungstest stellt zunächst fest, auf welchem Level Sie trainieren müssen. Bei den Tests bilden Sie Sätze über Wortbausteine, aber auch das Hörverständnis wird geschult. Insgesamt eine sehr gelungene App!

KAPITEL 8
Musik ist Trumpf

Ich weiß nicht, wie es Ihnen geht, aber ich könnte mir ein Leben ohne Musik nur schwer vorstellen. Jedes unserer Lebensjahre ist unterlegt mit einem typischen Soundtrack. Auch Computerspiele erlauben es, längst vergessene Melodien wiederzuentdecken und unser feines Gehör zu schulen, sei es in Form von Quizspielen oder eigenen musikalischen Aktionen. In diesem Kapitel lernen Sie ein Musikspiel kennen, erhalten Gelegenheit, Ihre Stimmbänder bei Karaoke in Schwingung zu versetzen, und erfahren, wie Sie im virtuellen Tonstudio eigene Musik komponieren können.

»Die Jugend kann nicht mehr auf die Erwachsenen hören. Dazu ist ihre Musik zu laut.«
Oliver Hassenkamp

Erkennen Sie die Melodie?

Los geht's mit einem Klassiker: dem Musikratespiel *SongPop*.

Darum geht es in Musikratespielen
Ihnen werden kleine Tonschnipsel aus bekannten Musikstücken vorgespielt. Sie müssen dabei innerhalb kürzester Zeit den bzw. die Interpreten und das Musikstück identifizieren.

Kapitel 8: Musik ist Trumpf

1. Suchen Sie im App Store Ihres Mobilgeräts nach der App *SongPop 2* (das ist bereits der Nachfolger des ursprünglichen Spiels von FreshPlanet), und installieren Sie diese.

2. Starten Sie die App durch Antippen des App-Symbols. Sie können sich nun entweder mit einem Facebook-Konto ❶ oder Ihrer E-Mail-Adresse ❷ anmelden. In letzterem Fall hilft Ihnen ein Assistent dabei, ein neues Konto zu erstellen. Bestätigen Sie zunächst Ihre E-Mail-Adresse, indem Sie in Ihrem Mail-Postfach nach Erhalt der SongPop-Mail auf den dort erscheinenden Link klicken. Anschließend vergeben Sie ein Passwort für Ihren SongPop-Zugang.

3. Bestätigen Sie im entsprechenden Dialog, dass Sie über 16 Jahre alt sind ❸ – wovon ich stark ausgehe. Tippen Sie dann im Begrüßungsdialog auf **Loslegen!** ❹.

140

Erkennen Sie die Melodie?

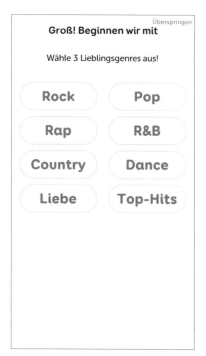
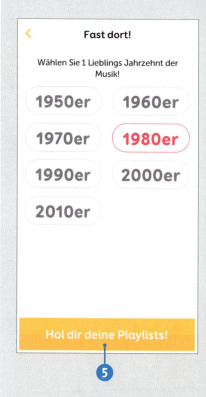

4. Im ersten Schritt wählen Sie drei Lieblingsgenres durch Antippen aus. Danach wählen Sie das entsprechende Lieblingsjahrzehnt, auf welches Sie sich bei der Auswahl der Stücke beschränken möchten.

5. Tippen Sie nun auf die Schaltfläche **Hol dir deine Playlists!** 5 . Wählen Sie anschließend eine der angebotenen Listen.

6. Tippen Sie nun auf die Schaltfläche **Spielen**, und los geht's! Sie starten zunächst mit einer Trainingsrunde gegen einen Computergegner, bei der Sie das Spiel kennenlernen. Versuchen Sie, den angespielten Titel bzw. Interpreten so schnell wie möglich zu erraten. Tippen Sie dazu auf eines der vier angebotenen Auswahlfelder 6 .

Sie spielen zunächst gegen den Computer.

Kapitel 8: Musik ist Trumpf

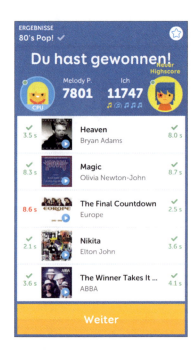

7. Wenn Sie schnell genug waren und den Computergegner besiegt haben, dann gibt es meist eine kleine Belohnung wie etwa neue Listen von Titeln, die erraten werden können. Eventuell dürfen Sie sich ja auch im Highscore verewigen.

Nach der Tutorial-Runde gegen den Computer lost Ihnen SongPop echte Gegner zu.

8. Nun werden Sie von weiteren, zufällig ausgelosten Gegnern zu einem Duell aufgefordert. Schlagen Sie ein, und zeigen Sie, dass Sie der größere Musikexperte sind!

Geselliges Raten
Wenn Ihre Freunde ebenfalls SongPop auf ihrem Smartphone bzw. Tablet installiert haben, dann können Sie diese per Suchfunktion ausfindig machen und zu einem Duell herausfordern. Sie müssen dazu lediglich deren Nutzernamen kennen.

Sing's noch einmal, Sam! Karaoke für die goldene Generation

Das lustige Singspiel *Karaoke* ist in Japan der ganz große Hit: Sie suchen sich Ihr Lieblingsmusikstück aus und singen selbst dazu – mit professioneller Begleitmusik, versteht sich. Eine lustige Sache auf Partys! Ein geeignetes Programm auch für gesellige Stunden im kleineren Kreis ist der Karaoke-Player *KaraFun* mit aktuell 30.000 Songs im Angebot.

Der Begriff *karaoke* kommt aus dem Japanischen und bedeutet wörtlich »leeres Orchester«.

1. Laden Sie KaraFun von der Webseite *https://www.karafun.de* herunter. Klicken Sie dazu auf der Startseite auf den Link **oder KaraFun installieren**. Sie finden auf der folgenden Seite dann Versionen bzw. Programme für alle gängigen Betriebssysteme. Das von Ihnen verwendete Betriebssystem (also z. B. Windows 10) wird dort automatisch erkannt und die Installationsdatei unmittelbar heruntergeladen. Sie befindet sich bei Windows im Verzeichnis *Downloads*. Öffnen Sie den Ordner *Downloads* im Explorer, und installieren Sie die Datei mit einem Doppelklick.

KaraFun

2. Starten Sie das Programm durch Anklicken des Programmsymbols im Startmenü bzw. auf dem Desktop. Alternativ führen Sie eine Suche über das Windows-Suchfeld nach »KaraFun« durch und klicken auf den ersten Treffer.

3. Im ersten Schritt werden Sie dazu aufgefordert, ein Konto zu erstellen. Über dieses Konto können Sie später ein Abo abschließen und dieses auch verwalten.

MERKE
Bei Windows 10 wird das installierte Programm im Startmenü und als Verknüpfung auf dem Desktop abgelegt und kann von dort aus gestartet werden.

Kapitel 8: Musik ist Trumpf

Die Oberfläche des Programms mag anfangs ein wenig überladen und undurchsichtig erscheinen, aber mit ein wenig Geduld finden Sie sich sicher bald zurecht.

> **Was kostet der Spaß?**
> Wenn Sie eine spontane Karaoke-Party planen, dann kostet ein Zweitages-Pass für KaraFun 4,99 € – das ist sozusagen geschenkt, denn dadurch sparen Sie sich einen teuren Diskjockey. Ein Monatsabo gibt es für 7,99 €. Im Abo eingeschlossen ist die Möglichkeit, Stücke auf ein Gerät herunterzuladen, sodass Sie am Veranstaltungsort für das oben installierte Programm keine Internetverbindung benötigen.

Ohne Abo haben Sie über die Suche immer nur Zugriff auf den Ausschnitt eines Liedes. Aber versuchsweise kann man hier natürlich auch schon mitsingen.

4. Suchen Sie am besten zunächst über das leicht zugängliche Feld **Suchen** ❶ ein Ihnen bekanntes Stück zum Mitsingen aus – sicherlich werden Sie in dem überaus reichhaltigen Katalog in den meisten Fällen fündig. Die Stücke sind zunächst nach ihrer Beliebtheit geordnet, Sie können aber auch gezielt in den Sparten im linken Fensterbereich ❷ stöbern.

> **Wie bringe ich meine Stimme zu Gehör?**
> Die einfachste Variante besteht natürlich darin, dass Sie ohne direkte Verbindung zu Ihrem PC direkt mitsingen. Das ist nicht sonderlich professionell. Besser klingt es, wenn Sie Ihre Stimme per Mikrofon verstärken. Am PC geht das am geschicktesten mit einem USB-Mikrofon, das Sie für unter 30 € im Elektronikhandel erwerben können. Schließen Sie das Mikrofon dann an eine freie USB-Buchse an Ihrem PC oder Laptop an. Unter Windows erscheint nun eine Meldung des Hardwareassistenten, dass ein neues Gerät erkannt wurde. Folgen Sie den Schritten des Hardwareassistenten, und das Mikrofon wird eingerichtet. Testen Sie, ob Ihre Stimme über den PC bzw. Laptop wiedergegeben wird. Ist das nicht der Fall, so führt eine kleine Google-Suchanfrage nach »windows mikrofon einrichten« zu diversen Lösungen, die Ihnen dabei helfen, das Mikrofon zu aktivieren.

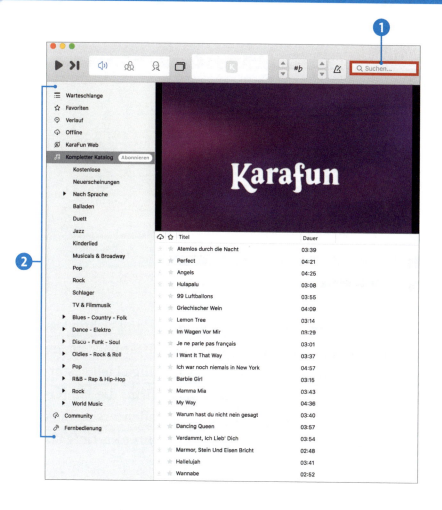

5. Führen Sie einen Doppelklick über dem gewünschten Stück durch, und es wird Ihnen in einer kurzen Audiovorschau nebst eingeblendetem Text angespielt. Möchten Sie das Stück nun ganz hören und die Begleitung singen, dann klicken Sie einfach auf die Schaltfläche **Abonnieren** ❸. Diese finden Sie in der linken Spalte neben dem Eintrag **Kompletter Katalog**. Sie werden nun auf die KaraFun-Webseite geleitet und können ein entsprechendes Abo abschließen. Bezahlt wird wie im Internet meist üblich per *PayPal* oder Kreditkarte.

Ein Abo lässt sich direkt aus dem Programm heraus abschließen.

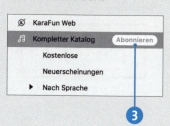

Das Abo kann per Kreditkarte oder PayPal bezahlt werden. PayPal ist ein mittlerweile sehr verbreiteter Online-Bezahldienst. Nachdem Sie sich unter *www.paypal.de* angemeldet haben, können Sie darüber Ihre Einkäufe im Internet bezahlen. PayPal bucht die Beträge von Ihrem Bankkonto ab und übermittelt diese an den Anbieter. Somit müssen Sie diesem nicht Ihre Bankdaten preisgeben.

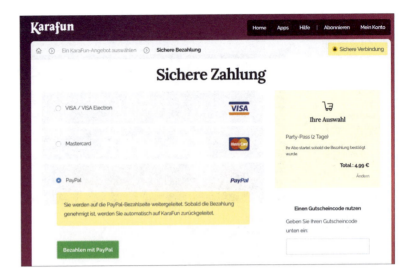

6. Nach Abschluss des Abos kann es dann richtig losgehen: Suchen Sie sich die Stücke aus, die Sie nachsingen möchten. Per Doppelklick wird das jeweilige Lied gestartet. Der Text erscheint auf dem Bildschirm, die Hintergrundmelodie erklingt, und die Textzeilen erscheinen passend zur Musik auf dem Bildschirm. Ihrer Karriere als Schlagerstar steht nichts mehr im Weg!

Auch Tonart ❹ und Wiedergabegeschwindigkeit ❺ können geändert werden.

Sing's noch einmal, Sam! Karaoke für die goldene Generation

Schließlich noch ein Wort zu den Kontrollmöglichkeiten. Im oberen Bereich des Programms haben Sie Zugang zu Reglern, mit denen Sie die Begleitinstrumente ❶, den Hintergrundchor ❷ und die Hauptstimme ❸ Ihren Anforderungen entsprechend lauter oder leiser stellen können.

Begleitmusik, Hintergrundchor und Hauptstimme lassen sich separat aussteuern.

In der Normaleinstellung wird die Hauptstimme des Stücks ganz heruntergeregelt, denn die sollen ja Sie übernehmen. Wenn Sie hingegen noch einmal hören möchten, wie der Originalinterpret das Stück singt, dann regeln Sie für einen Durchlauf einfach die Hauptstimme hoch.

Unterwegs gut unterhalten

KaraFun bietet für Android und Apples iOS eine entsprechende App an, die Sie dann auch unterwegs nutzen können. Voraussetzung ist ein Konto bei KaraFun.

Mit der mobilen App können Sie auch unterwegs ein Liedchen trällern – wie wär's mit *My Way* von Frank Sinatra?

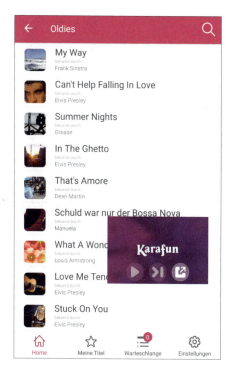

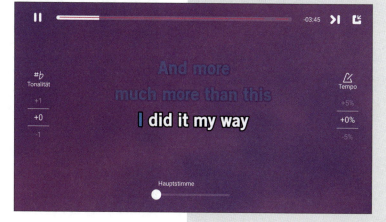

147

Kapitel 8: Musik ist Trumpf

Das virtuelle Tonstudio

Genug von der Musik aus der Konserve? Sie möchten selbst kreativ werden? Dann sehen wir uns einmal die folgenden Apps an, die Ihren PC, Ihr Smartphone oder Ihr Tablet in ein beliebiges Musikinstrument verwandeln. Beginnen wir mit der wundersamen Verwandlung Ihres Smartphones bzw. Tablets in ein Keyboard:

1. Begeben Sie sich in den App Store Ihres Mobilgeräts, und suchen Sie dort nach dem Begriff »Piano«. Sie werden feststellen, dass es eine Vielzahl an entsprechenden Programmen gibt. Ich installiere nachfolgend die App *Piano Melody* (für Android) bzw. *Klaviermelodie* (für iOS). Diese gibt es in einer kostenlosen Variante sowie in einer Pro-Version für 2,99 €.

2. Starten Sie die App, und tippen Sie auf **Play** ❶. Auf Ihrem Smartphone- bzw. Tablet-Bildschirm erscheint nun eine Klaviatur. Sie können sofort zu spielen beginnen. Sogar Akkorde werden von Ihrem virtuellen Klavier korrekt wiedergegeben.

Das virtuelle Tonstudio

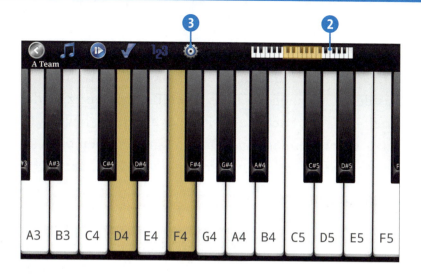

Die App beherrscht auch Akkorde.

3. Möchten Sie die Klaviatur auf eine andere Oktave setzen, dann tippen Sie mit dem Finger auf die Miniklaviatur am rechten oberen Bildrand ❷ und verschieben den orange dargestellten Ausschnitt entsprechend. Über das Zahnradsymbol ❸ gelangen Sie zu den Einstellungen der App, die bislang leider nur in englischer Sprache vorliegen. Hier lassen sich folgende Parameter verändern:

❹ Größe der Klaviatur
❺ Lautstärke
❻ Abklingen des Tons
❼ Vibrationseffekt
❽ Benennung der Notation

Das Beste an der App ist aber die Möglichkeit, auf einen reichhaltigen Katalog mit vielen bekannten Musikstücken zugreifen zu können. Die Idee dabei ist, sich ein Stück zunächst einmal langsam vorspielen zu lassen und zu versuchen, es anschließend nachzuspielen. So eignen Sie sich nach und nach selbst ein Repertoire an. Gehen Sie dazu folgendermaßen vor:

Kapitel 8: Musik ist Trumpf

4. Tippen Sie am oberen Rand auf das Notensymbol ❾. Sie erreichen dadurch den Musikkatalog. Wählen Sie aus der erscheinenden Liste einen Bereich aus, z. B. die **Rock Riffs** ❿. Suchen Sie sich hier ein Ihnen bekanntes Stück durch Antippen aus ⓫. Sein Name erscheint nun an der linken Seite über der Tastatur.

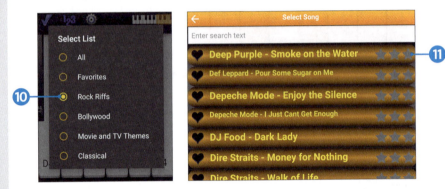

5. Betätigen Sie den Play-Knopf ⓬, um das Stück wiederzugeben. Versuchen Sie, sich die Tonfolge zu merken.

6. Spielen Sie schließlich das Stück selbst nach. Wenn Sie prüfen möchten, ob Sie alle Töne richtig getroffen haben, dann tippen Sie nach dem Spielen auf die Check-Schaltfläche ⓭.

Correct bedeutet: Sie haben die Tonfolge getroffen!

Das virtuelle Tonstudio

> **Weniger ist mehr**
>
> Für den Anfang ist es sinnvoll, den Bereich der zu spielenden Noten zu reduzieren. Das geschieht, indem Sie oben auf die Schaltfläche **123** ⓮ tippen und in dem sich nun öffnenden Dialog die Notenanzahl Ihren Anforderungen gemäß anpassen. Anfänger wählen zunächst einmal die Noten 1 bis 5 über die Schaltfläche **1-5**. Bestätigen Sie Ihre Auswahl mit **OK**. So hangeln Sie sich nach und nach durch das komplette Stück.

Sie möchten wie ein echter DJ richtige Soundschnipsel zusammenklicken? Dann sollten Sie sich mit einem virtuellen Tonstudio beschäftigen! Mit der App *Walk Band* für Android-Smartphones stehen Ihnen mehrere Instrumente zur Verfügung, u. a. auch ein Schlagzeug-Computer (engl.: *drum*) sowie ein Bass.

1. Suchen Sie im Google Play Sore für Android nach der App Walk Band, und installieren Sie diese.

2. Starten Sie die App durch Antippen des App-Symbols. Sie landen im ersten Bildschirm auf einer Seite, auf der Sie einzelne Instrumente auswählen können. Möchten Sie nicht ständig von Werbung belästigt werden, dann rufen Sie durch Antippen der drei Striche ❶ links oben das Hauptmenü auf und wählen dort den Punkt **Ads entfernen** ❷. Das kostet Sie lediglich 1,69 €.

3. Machen Sie sich nun erst einmal mit den neuen Instrumenten bekannt. Tippen Sie beispielsweise einmal das **Drum Kit(Pad)** ❸ an, und versuchen Sie sich als Schlagzeuger. Tippen Sie dazu einfach mit dem Finger auf die entsprechenden Rhythmusinstrumente.

Die App gibt es nur für Android-Smartphones.

Kapitel 8: Musik ist Trumpf

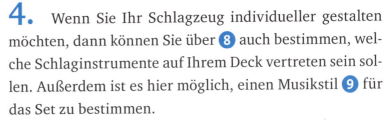

④ Zurück ins Hauptmenü
⑤ Zufallsklangstück laden und wiedergeben
⑥ Metronom (= Taktgeber) einschalten. Das Metronom lässt sich den eigenen Bedürfnissen anpassen.
⑦ Aufnehmen (Hier empfiehlt sich der MIDI-Modus.)
⑧ Schlagzeug konfigurieren
⑨ Musikrichtung vorwählen
⑩ Menü des gewählten Instruments: Hier werden u. a. die eigenen Aufnahmen verwaltet.

4. Wenn Sie Ihr Schlagzeug individueller gestalten möchten, dann können Sie über ⑧ auch bestimmen, welche Schlaginstrumente auf Ihrem Deck vertreten sein sollen. Außerdem ist es hier möglich, einen Musikstil ⑨ für das Set zu bestimmen.

Das virtuelle Tonstudio

5. Um ein kleines Soundbeispiel aufzunehmen, tippen Sie einfach den roten Aufnahmeknopf an ❼, wählen als Modus **MIDI** und spielen ein paar Takte auf Ihrem Schlagzeug. Das Metronom ❻ kann Ihnen dabei behilflich sein, den gewünschten Takt zu treffen.

6. Die Aufnahme wird gestoppt, indem Sie kurz die **Stopp**-Schaltfläche betätigen (sie befindet sich bei laufender Aufnahme an der Stelle des roten Aufnahmeknopfs).

7. Speichern Sie Ihre Datei, und geben Sie Ihr einen aussagekräftigen Namen. Dieses sog. *Sample* steht Ihnen nun innerhalb der App zur Verfügung. Zur Wiedergabe begeben Sie sich in das Menü rechts oben ❿, wählen den Punkt **Aufnahmen verwalten** und tippen die soeben angefertigte Aufnahme an. Hat es geklappt? Prima!

Auch eine Gitarre finden Sie in Ihrem persönlichen Tonstudio.

8. Testen Sie nun auch die anderen Instrumente, die Ihnen im Hauptmenü angeboten werden. Die Menüführung ist sehr ähnlich derjenigen, die Sie beim Schlagzeug kennengelernt haben. Führen Sie ggf. auch dort einige Aufnahmen durch.

9. Die Krönung in der App ist aber sicherlich die Möglichkeit, ein komplettes Stück entweder aus eigenen

Samples oder bereits in der App vorhandenen sog. *Loops* zusammenzuklicken. Dies geschieht mithilfe des **Multitrack-Synthesizers**, den Sie im Hauptmenü der App auswählen können (siehe dazu die rechte Abbildung auf Seite 152 oben).

Hier wurden drei Instrumente auf drei Spuren gelegt, die parallel abgespielt werden.

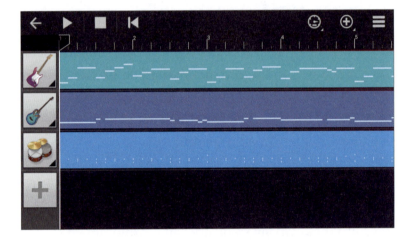

10. Tippen Sie im geöffneten Menü **Mehrspur-Aufnahme** auf **Demo Song**, um die Möglichkeiten des Synthesizers zu erkunden.

KAPITEL 9
Hüpfen, Rennen und ein bisschen Ballern – Jump-and-Run-Spiele

Eine 2017 in Kanada durchgeführte Studie hat ergeben, dass entsprechend geeignete Computerspiele möglicherweise vor Demenzerkrankungen schützen können bzw. dass sie den dabei stattfindenden Abbauprozess in bestimmten Hirnarealen verlangsamen, insofern sie diese stimulierten. Diejenigen Probanden, die das 1996 veröffentlichte Spiel *Super Mario* gespielt hatten, schnitten sogar deutlich besser ab als die Vergleichsgruppe, die über sechs Monate Klavierspielen erlernt hatte. Also, der Versuch, die sog. graue Substanz mit Super Mario ordentlich in Schwung zu bringen, kann jedenfalls nicht schaden. Spaß macht es obendrein.

»Wer lange Zeit stand, wird schlecht laufen.«
Ovid

Super Mario – der flinke Klempner

Das ist wohl der Klassiker unter den sog. *Jump and Run*-Spielen: Super Mario, ein kleiner Klempner, der durch eine lineare Landschaft rennt, dabei Goldmünzen aufsammelt und allerhand monstermäßigen Getieren aus dem Weg gehen bzw. den Garaus machen muss.

Super Mario können Sie einfach gleich am PC im Browser spielen.

Kapitel 9: Hüpfen, Rennen und ein bisschen Ballern – Jump-and-Run-Spiele

> **WAS TUN?**
> Auf der Spieloberfläche erscheinen kleine Fenster mit Werbeeinblendungen? Ignorieren Sie diese am besten, statt immer wieder zu versuchen, sie mit einem Klick auf das Schließen-Kreuz auszublenden.

> **Was bedeutet eigentlich Jump and Run?**
> Wörtlich übersetzt bedeutet *Jump and Run* (häufig auch noch etwas kürzer *Jump 'n' Run*) »springen und laufen«. Sie bewegen bei derartigen Spielen Ihre Spielfigur stets in eine Richtung (meist nach rechts) und überspringen per Tastendruck Hindernisse.

Beginnen wir mit dem Urahnen der Mario-Reihe, der mittlerweile im Browser spielbar ist. Ziel ist es, mit der Mario-Figur so schnell wie möglich nach rechts zu laufen und dort irgendwann das Ziel des Levels zu erreichen. Auf dem Weg dorthin müssen Sie Münzen, die in Kisten versteckt sind, einsammeln, und möglichst viele pilzförmige Unholde plattmachen. Dazu springt man einfach mit der Figur auf die Monster drauf.

1. Begeben Sie sich per Browser auf die Seite *https://supermarioemulator.com/mario.php*. Das Spiel kommt ganz ohne Flash aus. Gesteuert wird die Super-Mario-Figur mit den Tasten Ihrer Computertastatur, so wie am Rand beschrieben.

Steuerung der Figur:
← bzw. → : Bewegung nach links bzw. rechts
↑ : Springen
↓ : tauchen bzw. nach unten bewegen
⇧-Taste: rennen oder schießen
P-Taste: Pause an bzw. aus
M-Taste: Ton aus bzw. an
Alternativ können Sie das Spiel auch mit den Tasten W, A, S und D steuern.

2. Gleich nachdem Sie die Seite im Browser geöffnet haben, startet das Spiel auch schon automatisch: Bewegen Sie die kleine pixelige Figur ❶, die sich zu Spielbeginn unten links befindet, nach rechts, und versuchen Sie, auf die kleinen pilzförmigen Figuren ❷ zu springen, die sich Ihnen in den Weg stellen. Dadurch erhalten Sie Punkte. Andernfalls stürzen Sie leider ab und verlieren eines Ihrer drei Leben ❸. Das ist nicht weiter schlimm – dann müssen Sie halt wieder von vorne beginnen, und Übung macht schließlich den Meister. Auch wenn alle drei Leben in einem Level verbraucht sind, können Sie stets wieder von vorne beginnen, indem Sie den Link der Seite erneut aufrufen.

3. Auf Ihrem Weg finden Sie auch in der Luft schwebende Absätze mit Kisten, die mit Fragezeichen versehen sind ❹. Wenn Sie unter einer derartigen Kiste nach oben springen, dann erhalten Sie Münzen. In einigen höher gelegenen Kisten befinden sich große Pilze, die Mario zum Super Mario (daher der Name des Spiels) wachsen lassen oder Superkräfte verleihen. Dazu muss Mario auf den großen beweglichen Pilz springen.

Springen Sie als Mario unter die Kisten, und sammeln Sie dadurch Münzen. Mit etwas Glück befindet sich darin auch ein Superpilz.

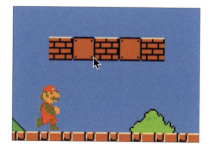

Springen Sie mit dem kleinen Mario auf einen Superpilz, und mutieren Sie dadurch zum Super Mario.

Super Mario erkämpft sich weitere Münzen.

Der Kontakt mit einem Pilzmonster lässt Super Mario zunächst schrumpfen, bei einem zweiten Kontakt stürzt er ab und verliert ein Leben.

In den App Stores stehen optisch deutlich ansprechendere kostenlose wie kostenpflichtige Spielversionen bereit.

4. Säulen und Abgründe werden ebenfalls springend überwunden.

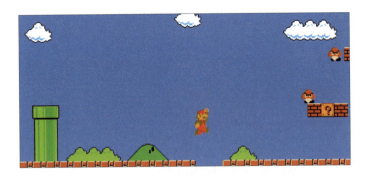

5. Als Super Mario genießen Sie auch einen gewissen Schutz vor den kleinen pilzartigen Unholden am Boden. Kommen Sie mit ihnen in Berührung, schrumpfen Sie zunächst, bevor Sie anschließend dann doch abstürzen und von vorne anfangen müssen.

Möchten Sie die aktuelle, professionelle Version von Super Mario spielen, die der pixeligen Variante in puncto Optik quasi um Lichtjahre voraus ist, dann sollten Sie sich einmal in den App Stores der Mobilgeräte umsehen:

1. Suchen Sie im App Store Ihres Mobilgeräts nach der App *Super Mario Run* von Nintendo, und installieren Sie diese. Die App ist kostenlos, möchten Sie später höhere Level freischalten, so geschieht dies per In-App-Bezahlung. Die Vollversion, die alle Level beinhaltet, kostet 10,99 €.

2. Starten Sie die App durch Antippen des Symbols, und warten Sie ab, bis das Spiel in den Speicher geladen wurde. Tippen Sie nun erneut auf den Bildschirm. Da Sie das Spiel vermutlich tatsächlich zum ersten Mal spielen, tippen Sie im erscheinenden Dialog auf **Ja** ❶.

Super Mario – der flinke Klempner

3. Der nächste Dialog bietet Ihnen die Möglichkeit, Ihre Spieledaten mit einem Nintendo-Konto zu verknüpfen. Das können Sie später immer noch tun, daher überspringen Sie diesen Punkt am besten mittels **Jetzt nicht** ❷.

4. Stimmen Sie nun dem Lizenzvertrag zu, und legen Sie im nächsten Bild einen Spitznamen ❸ für das Spiel an. Sie können hier auch ein individuelles Profilbild durch Antippen des Bildsymbols ❹ wählen. Bestätigen Sie die Eingabe mit **OK** ❺.

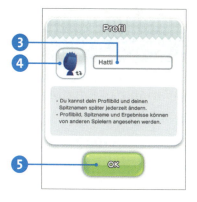

5. Nun wird Ihnen angeboten, die Vollversion des Spiels zu kaufen. Dazu würden Sie die Schaltfläche **Zum Kaufbildschirm** (**6** auf Seite 159) anklicken. Sie können aber auch zunächst einmal die kostenlosen Level testen. Dazu tippen Sie auf die **X**-Schaltfläche **7**.

6. Nun gelangen Sie zu einem kleinen Tutorial, das Ihnen die wesentlichen Handlungen im Spiel erklärt. Bestätigen Sie die einzelnen Schritte des Tutorials mit **OK**.

Ein Tutorial erläutert Ihnen die wichtigsten Aktionen.

Die wichtigsten Regeln der App-Variante in Kurzform:

- Mario läuft ohne Ihr Zutun automatisch von rechts nach links über den Bildschirm.
- Kleinere Hindernisse und Gegner werden automatisch übersprungen.
- Zum Überspringen größerer Hindernisse und Gegner tippen Sie auf den Bildschirm.

- Wenn Sie länger auf den Bildschirm drücken und den Finger dabei festhalten, dann füllt sich ein Balken mit Sprungenergie, und Mario kann noch höher springen.
- Wenn Mario sich einen Pilz durch Draufspringen einverleibt, dann wächst er auf Super-Mario-Größe an. Das kennen Sie schon vom Browserspiel.

Führen Sie Supersprünge mit Mario durch!

Alles klar? Dann können Sie ja loslegen und mit Mario auf Münzenjagd gehen! Das Schöne an dieser App ist, dass wirklich vieles automatisch vonstattengeht. Super Mario kann in dieser Variante somit mit nur einer Hand gespielt werden!

In der Testversion gibt es nur eine begrenzte Anzahl von Leveln.

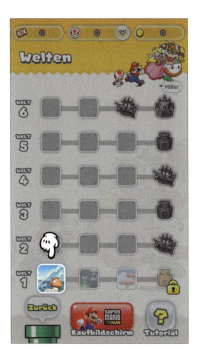

Den Vogel abschießen – mit Angry Birds

Dieses Spiel erblickte erstmalig im Jahr 2009 das Licht der Computerspielszene und findet seitdem unzählige Anhänger. Wenn man so will, ist es eines der wenigen »Baller-

spiele«, die ich im Buch vorstelle. Geschossen wird aber nicht mit Gewehren und Kugeln, sondern mit Vögeln – ja, Sie haben richtig gelesen! *Angry Birds* gibt es mittlerweile in unzähligen Varianten. Sehen wir uns doch einmal die Version 2 für die mobilen Geräte an.

1. Suchen Sie im App Store Ihres Mobilgeräts nach dem Spiel *Angry Birds 2*, und installieren Sie es.

2. Starten Sie das Spiel durch Antippen des App-Symbols. Gewähren Sie dem Spiel direkt nach dem Start den gewünschten Zugriff auf den Speicher Ihres mobilen Geräts. Akzeptieren Sie anschließend die Nutzungsbedingungen.

3. Sie erhalten nun eine kleine Einführung in das Spiel, in der Ihnen die Grundlagen der Steuerung erklärt werden. Das Prinzip ist sehr einfach:

Schlappschleuderschießen mit Vögeln
Ihre Aufgabe besteht darin, die kleinen roten missmutigen Vögel (daher der Name Angry Birds) mit einer Schleuder auf Gebäude zu schießen, in bzw. auf denen sich grüne Schweine befinden. Die Bauwerke stürzen dann auf spektakuläre Weise ein. Das ärgert die Schweine, und Sie erhalten dafür Punkte. Dazu halten Sie den Finger auf dem Display gedrückt und ziehen ihn langsam nach links, um die Schleuder mit dem Vogel zu spannen. Wenn Ihnen der Schusswinkel richtig erscheint, dann heben Sie den Finger hoch, und der kleine rote Vogel fliegt über den Bildschirm und zerstört das Gebäude der Schweine. Die korrekte Flugbahn erkennen Sie im Tutorial daran, dass sie grün markiert erscheint. Im späteren Spiel müssen Sie dafür selber ein Auge haben.

Den Vogel abschießen – mit Angry Birds

Diese Schussbahn ist nicht optimal, der rote Vogel würde lediglich das grüne Schwein treffen.

Diese Flugbahn sieht schon besser aus: Der Vogel wird einen Sprengstoffbehälter treffen, der den gesamten Schweinekomplex in die Luft jagt.

Krabummm! – so sieht das Ergebnis einer Attacke aus.

4. Arbeiten Sie das Tutorial durch, und merken Sie sich die Tipps, die Sie dabei erhalten. Anschließend können Sie dann mithilfe Ihrer Angry Birds gegen die frechen grünen Schweine in die Schlacht ziehen.

Das Tutorial gibt Ihnen Tipps. So besitzt jeder Vogel je nach Farbe bestimmte Eigenschaften, die es zu nutzen gilt.

5. Im Laufe des Spiels finden Sie Schlüssel, mit denen Sie weitere (andersfarbige) Vögel aus Käfigen befreien können, um diese dann als »Munition« zu verwenden. Jeder dieser Vögel verfügt über besondere Eigenschaften.

Kapitel 9: Hüpfen, Rennen und ein bisschen Ballern – Jump-and-Run-Spiele

Der blaue Vogel beispielsweise teilt sich nach dem Abschuss in drei Exemplare auf, um dadurch noch größeren Schaden anzurichten.

Ziel des Spiels ist es, maximale Verwüstung unter den Schweinen anzurichten und dadurch das eigene Punktekonto aufzufüllen. Ins nächste Level gelangen Sie immer dadurch, dass Sie eine Mindestpunktzahl durch »Abschüsse« im aktuellen Level erzielen. Viel Spaß bei der Schweinejagd!

Hill Climb Racing – mit dem Auto durch die Luft

Ein simples Autorennen ist Ihnen zu langweilig oder zu wenig anspruchsvoll? Dann sind Sie bei *Hill Climb Racing* goldrichtig! Das Spiel ist mittlerweile auch schon in der zweiten Version erschienen, die wir uns gleich einmal näher anschauen werden:

Hill Climb 2

Bei Hill Climb Racing sammeln Sie mit Ihrem fahrbaren Untersatz Münzen ein und machen dabei noch einige andere spektakuläre Tricks.

1. Suchen Sie im App Store Ihres Mobilgeräts nach dem Spiel *Hill Climb Racing 2*, und installieren Sie es.

2. Starten Sie die App durch Anklicken des Symbols. Überspringen Sie den Begrüßungsbildschirm durch Antippen.

164

3. Die Steuerung des Spiels ist denkbar einfach: Sie haben ein Gaspedal am rechten unteren Bildrand und eine Bremse am linken Bildrand. Halten Sie das Gaspedal mit dem Finger gedrückt, dann wird Ihr Wagen vehement nach vorn getrieben. Wenn Sie über einen Hügel fahren, dann kann es passieren, dass Sie dabei abheben und in der Luft nach hinten kippen. Bremsen Sie in diesem Fall, und der Wagen wird sich dabei nach vorn drehen.

Los geht's! Treten Sie ordentlich auf das Gaspedal!

❶ Gas: Wagen beschleunigt, droht aber bei steilen Anstiegen nach hinten zu kippen.
❷ Bremse: Wagen stoppt, droht aber bergab nach vorn zu kippen.

4. Ihr Ziel auf dem Kurs ist es zunächst, nicht auf dem Kopf zu landen. Dadurch wäre das Spiel für Sie beendet. Außerdem sollten Sie versuchen, so viele Münzen wie möglich einzusammeln.

Sie treten bei Rennen auch oft gegen andere Spieler an.

Und schließlich müssen Sie auch noch die übrigen Gegner im Schach halten und versuchen, als Erster die Ziellinie zu überqueren. Sonderpunkte gibt es, wenn Sie beim Sprung über einen Hügel besonders lange in der Luft bleiben.

Sonderpunkte gibt es für lange »Flugzeiten«.

5. Wenn Sie nach einigen Rennen genügend Münzen als Siegerprämie eingesammelt haben, dann können Sie Ihr Fahrzeug aufmotzen und ihm beispielsweise einen kräftigeren Motor, Allradantrieb oder eine bessere Federung verpassen. Das bietet oft entscheidende Vorteile gegenüber der Konkurrenz.

Mit einer entsprechenden Anzahl von Münzen lassen sich auch weitere Level freischalten. Um Ihre »Karriere« zu beschleunigen, bietet der Hersteller das Ganze auch per In-App-Bezahlung an – das ist auch hier das Geschäftsmodell, das hinter der an sich kostenlosen App steht.

Mit durch Spielkönnen eingesammelten Münzen oder zur Not auch per In-App-Bezahlung können Sie Ihr Fahrzeug aufrüsten bzw. weitere Level freischalten.

In höheren Leveln dürfen Sie auch andere Fahrzeuge bewegen – wie hier das Crossmotorrad.

Weitere Tipps zum Spiel:

- Halten Sie stets Kontakt zu Gas und Bremse.
- Versuchen Sie, das Fahrzeug per Gas bzw. Bremse stets in einer waagerechten Position zu halten, es sei denn, Sie sind in der Luft auf Stunts und damit Sonderpunkte aus.
- Der Sieg in einem Rennen ist meist wertvoller als die Durchführung vieler Stunts, bei denen man obendrein auf dem Dach landen und dadurch ausscheiden kann.

Auf der Jagd nach Leos Vermögen

Helfen Sie einem kleinen haarigen Pelzball namens Leo, sein Vermögen wiederzuerlangen. *Leo's Fortune* ist ein grafisch sehr schön aufgemachtes Jump-and-Run-Spiel, das Sie für 5,49 € im App Store für iPhones bzw. im Play Store für Android-Smartphones erwerben können.

Kapitel 9: Hüpfen, Rennen und ein bisschen Ballern – Jump-and-Run-Spiele

Leo's Fortu…

> **Darum geht es bei Leo's Fortune**
> Sie bewegen die Figur Leo mithilfe Ihrer Daumen und versuchen, auf dem Weg so viele Münzen wie nur möglich aufzusammeln. Um schwierige Passagen zu überwinden, ist Ihre ganze Fantasie gefragt.

1. Begeben Sie sich in den App Store bzw. Play Store, und halten Sie Ausschau nach dem Spiel Leo's Fortune. Kaufen und installieren Sie das Spiel.

2. Starten Sie das Spiel. Im ersten Dialog werden Sie gefragt, ob Sie die Spielstände per Google oder iCloud-Konto sichern möchten. Das sollten Sie mit **Ja** ❶ bestätigen.

Wenn Sie Ihre Spielstände per Google oder iCloud-Konto sichern, müssen Sie bei Unterbrechungen nicht immer wieder von vorn beginnen. Das funktioniert sogar, wenn Sie das Spiel auf zwei verschiedenen Geräten abwechselnd spielen!

Auf der Jagd nach Leos Vermögen

3. Um das Spiel zu starten, betätigen Sie im nächsten Dialog die Play-Schaltfläche ❷. Sie werden nun durch die Geschichte geführt. Tippen Sie dazu die erste Karte ❸ an, und bejahen Sie die Frage, ob Sie das Tutorial sehen möchten. Dieses macht Sie mit der Geschichte des Spiels sowie der Steuerung bekannt. Danach geht's dann auch schon los.

Steuerung
- Linken Daumen nach rechts bzw. links schieben: Leo bewegt sich in die entsprechende Richtung.
- Rechten Daumen nach oben schieben: Leo bläst sich auf.
- Rechten Daumen nach unten schieben: Leo geht in den Sturzflug.

4. Im Verlauf des Spiels müssen auch einige knifflige Puzzlespiele gelöst werden, damit Leo weiterkommt. Im folgenden Beispiel sehen Sie, wie Leo eine Brücke über einen Abgrund umkippt, indem er sich unter diese begibt und sich aufbläst.

Leo lässt sich einfach aufblasen – dadurch können Hindernisse überwunden werden.

5. Das Einzige, was Leo gefährlich werden kann, sind Schluchten oder die reichlich vorhandenen tödlichen Zacken. Bei deren Berührung stirbt Leo zwar den Heldentod, kann aber danach gleich wieder weitermachen. Die

Anzahl der Leben des Protagonisten sind glücklicherweise nicht begrenzt, sodass man sich an kritischen Stellen beliebig oft versuchen kann.

Autsch! Das ging schief. Glücklicherweise ist die Anzahl von Leos Leben nicht begrenzt!

Cuphead – Ballerei im Comicland

Der letzte Vertreter dieses mal mehr, mal weniger turbulenten Kapitels ist *Cuphead* – ein Spiel für die Freunde des Schießduells, ein sog. *Shoot'em Up*-Spiel – zu Deutsch: »Ballere los, was das Zeug hält!« Aber keine Angst, es geht hier nicht um »nackte Gewalt«, das Spielprinzip selbst ist sehr pfiffig, und die grafische Darstellung sucht ihresgleichen. Wer nostalgische Cartoons der 30er-Jahre des vergangenen Jahrhunderts liebt, wird sich hier sofort heimisch fühlen. Eine kleine Warnung ist hier trotzdem angebracht: Das Spiel ist relativ schwer, und die (geschriebenen) Dialoge erscheinen ausschließlich in englischer Sprache. Wenn Sie Ihr Schulenglisch noch ein wenig parat haben, müssen Sie sich aber keine Sorgen machen – mit diesen Sprachkenntnissen kommen Sie locker durch das Spiel.

> **ACHTUNG**
> Dieses Spiel eignet sich nicht unbedingt für den Einstieg, sondern setzt schon etwas Erfahrung und zudem ein paar Englischkenntnisse voraus!

Cuphead können Sie über die Spieleplattform *Steam* als Spiel für Windows-PCs beziehen (siehe dazu ab Seite 27).

Cuphead – Ballerei im Comicland

Darum geht es in Cuphead

Sie befinden sich auf einer Insel, die von lebendigen Küchengegenständen wie Tassen und Kesseln bevölkert wird. Die zwei Hauptfiguren namens *Cuphead* und *Mugman* verspielen ihre Seelen an den Teufel. Sie erhalten jedoch die Chance, dem Teufel weitere Seelen zu besorgen und ihn dadurch milde zu stimmen. Auf der Jagd nach den Seelen müssen die Protagonisten diverse Kämpfe bestehen.

1. Suchen Sie auf Steam (*https://store.steampowered.com/?l=german*) nach dem Spiel Cuphead. Kaufen und installieren Sie das Spiel. Zum Zeitpunkt der Drucklegung des Buches betrug der Preis 19,99 €.

2. Starten Sie Cuphead durch Anklicken des entsprechenden Symbols im Startmenü von Windows oder per Suchabfrage im Windows-Suchfeld. Beim ersten Aufruf werden Sie nach dem Administratorpasswort Ihres Windows-PCs gefragt. Danach werden noch einige Dateien installiert, und Sie landen schließlich auf dem Begrüßungsbildschirm. Drücken Sie hier die Taste [Z].

> **ACHTUNG**
> Noch eine kleine Warnung: Das Spiel ist recht groß und benötigt 20 GB freien Platz auf Ihrem PC.

Nach der Installation auf Ihrem PC finden Sie auch eine Verknüpfung zum Spiel auf dem Desktop.

Kapitel 9: Hüpfen, Rennen und ein bisschen Ballern – Jump-and-Run-Spiele

3. Wählen Sie im nächsten Dialog mithilfe der Pfeiltasten zunächst **Options** ❶, und passen Sie im Bereich **Controls** ❷ die Steuerung Ihren Vorstellungen gemäß an.

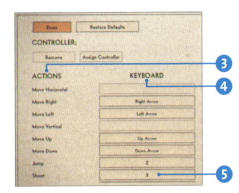

Die Taste ⌜Z⌟ nimmt im Spiel eine zentrale Rolle ein, u. a. starten Sie damit das Tutorial, wechseln von Bild zu Bild und bestätigen Eingaben. Die Steuerung des Spiels lässt sich unter **Actions** ❸ (Bewegungen bzw. Aktionen) und **Keyboard** ❹ (den zugehörigen Tastenbelegungen) individuell anpassen. Tragen Sie z. B. bei **Shoot** ❺ »A« statt **X** ein, dann können Sie nun mit der Taste ⌜A⌟ schießen.

4. Wählen Sie jetzt **Start** ❻. Es werden Ihnen drei Bereiche namens **NEW** zum Abspeichern von Spielständen angeboten. Wählen Sie davon gleich den ersten ❼, und bestätigen Sie Ihre Auswahl mit der Taste ⌜Z⌟.

5. Nun werden Sie in Form einer kleinen Bildergeschichte in die Rahmenhandlung eingeführt, siehe dazu auch den Kasten »Darum geht es in Cuphead« auf Seite 171. Sie wechseln von Bild zu Bild mit der ⌜→⌟- oder auch der ⌜Z⌟-Taste.

Cuphead – Ballerei im Comicland

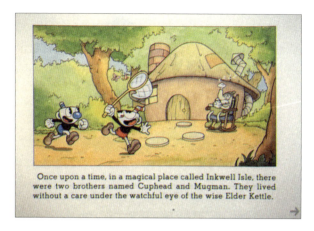

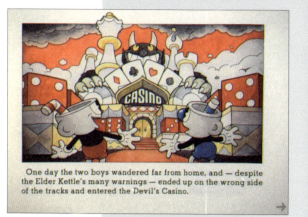

6. Nach der Einführung landen Sie in der Spielhandlung. Der nette Onkel – *Elder Kettle* genannt – gibt Cuphead noch einen Zaubertrank mit auf den Weg, und danach können Sie die Spielfigur mithilfe der Pfeiltasten frei bewegen. Gehen Sie ein paar Schritte nach links, und Sie stoßen auf ein Tutorial, welches Sie durch Betätigen der Taste ⌐Z¬ starten.

Die Figur wird mithilfe der Pfeiltasten bewegt.

7. Im Tutorial werden Ihnen sämtliche Bewegungsmöglichkeiten der Figur erklärt. Spielen Sie das Tutorial gemäß der Anleitung durch. Insbesondere die Tastaturbelegung lernen Sie hier kennen.

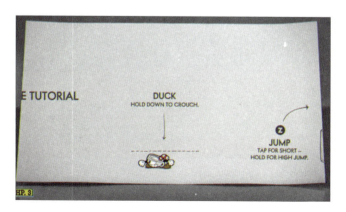

Kapitel 9: Hüpfen, Rennen und ein bisschen Ballern – Jump-and-Run-Spiele

Steuerung

→- bzw. ←-Taste: nach rechts bzw. links bewegen

↓-Taste: ducken

Z-Taste: springen

⇧-Taste: nach rechts bzw. links flitzen

X-Taste: schießen

Cuphead besticht durch seine Retro-Comic-Darstellung, ist aber, wie gesagt, eher für schon erfahrene Spieler gedacht.

Die Tastaturbelegung entspricht der Standardeinstellung. Sollten Sie im Rahmen der Einführung eine andere Tastaturbelegung gewählt haben, dann werden hier nun die von Ihnen gewählten Tasten angezeigt.

Und dann kann es endlich losgehen: Wandern Sie auf der Karte entlang zum nächsten Abenteuer, und lassen Sie sich durch das Spiel führen.

KAPITEL 10
Die Jagd nach dem digitalen Diamanten – Abenteuer- und Rollenspiele

Vorsichtig schleichen Sie sich an die Schatztruhe heran – und versuchen, diese nun behutsam zu öffnen. Plötzlich schnellt ein Fallbeil von oben auf Sie herab – Sie springen hastig zur Seite. Puh, noch einmal Glück gehabt! Was im echten Leben wohl in der Regel tödlich enden würde, können Sie im digitalen Leben beliebig oft bis zum Erfolg wiederholen – und dabei eine Menge Spaß haben!

»Es sind immer die Abenteurer, die große Dinge vollbringen.«
Charles de Montesquieu

Abenteuer in Paris – Baphomets Fluch

Lassen Sie uns behutsam in die Thematik der Abenteuer-Computerspiele einsteigen – mit einem klassischen sog. *Point-and-Klick-Adventure*: *Baphomets Fluch*.

> **Worum geht es bei Point-and-Click-Adventures?**
> *Point and Klick* bedeutet »Zeige und klicke«. Sie klicken also per Maus am PC (oder per Fingertipp auf dem Smartphone-Display) Gegenstände in einer Szene an und können diese dadurch näher in Augenschein nehmen. Die Spielfigur bewegen Sie, indem Sie eine Stelle in der Szene anklicken bzw. antippen, in deren Richtung sich die Figur bewegen soll.

Point and Klick:
Man bewegt eine Figur und untersucht Objekte durch Zeigen und Klicken.

Kapitel 10: Die Jagd nach dem digitalen Diamanten – Abenteuer- und Rollenspiele

Der Begriff *Rollenspiel* wird bei diesen Spielformen oft synonym verwendet, da Sie in den Abenteuern stets in die Rolle eines der Protagonisten schlüpfen.

Baphomets Fluch gibt es u. a. als mobiles Spiel für das iPhone und das Android-Smartphone. Die meisten PC-Versionen sind schon etwas veraltet oder liegen nur auf Englisch vor.

Im Rollenspiel Baphomets Fluch begleiten Sie eine Journalistin namens Nico Collard und einen Amerikaner namens George Stobbart durch Paris. Die beiden sind einem mittelalterlichen Geheimbund auf der Spur.

1. Suchen Sie im App Store Ihres Mobilgeräts nach Baphomets Fluch. Mittlerweile gibt es bereits fünf Teile des beliebten Abenteuerspiels. Wir schauen uns nachfolgend den ersten Teil der Reihe, *Baphomets Fluch: Director's Cut*, an.

2. Installieren und starten Sie die App (für iOS oder Android). Alternativ können Sie das Spiel auch am PC spielen – dort allerdings nur in einer englischen Version namens *Broken Sword*. Diese kostet 4,99 € und ist über *Steam* (siehe dazu die Erklärungen ab Seite 27) erhältlich. Im Folgenden zeige ich die App-Version auf einem Android-Smartphone. Tippen Sie auf der Startseite auf **Neues Spiel** ❶.

3. Sie werden durch eine spielfilmartige Eröffnungssequenz geleitet, die Ihnen eine Einführung in die zu

Abenteuer in Paris – Baphomets Fluch

erwartende Handlung gibt. Dabei begleiten Sie zunächst die Reporterin Nico Collard auf dem Weg zu einem Interview. Lehnen Sie sich entspannt zurück, und genießen Sie die Kinoatmosphäre.

4. Nach der Einstiegssequenz, in welcher der Interviewpartner der Journalistin, Pierre Carchon, erschossen wird, befindet sich die Reporterin allein mit dem Opfer im Zimmer. Nun können Sie erstmalig selbst die Handlung beeinflussen. Der Bildschirm ist folgendermaßen aufgebaut:

❷ **Schraubenschlüssel**: Hier gelangen Sie zu den Optionen des Spiels. Unter anderem besteht hier die Möglichkeit, Spielstände manuell zu speichern und alte Spielstände zu laden.

Im Untermenü zum Schraubenschlüssel können Sie u. a. Spielstände speichern.

Kapitel 10: Die Jagd nach dem digitalen Diamanten – Abenteuer- und Rollenspiele

❸ **Fragezeichen**: Hier können Sie sich Rätseltipps abholen, wenn Sie einmal nicht mehr weiterkommen sollten. Darüber hinaus finden Sie hier auch noch einmal nähere Informationen zu den Charakteren der Handlung und zur Steuerung des Spiels.

Unter dem Fragezeichen erhalten Sie Tipps und Infos.

Das Tagebuch fasst die wesentlichen Schritte der bisherigen Handlung automatisch zusammen.

❹ **Tagebuch**: Gibt in Kurzform den Verlauf der bisherigen Handlung wieder und wird während des Spiels automatisch geführt.

❺ Aus den Untermenüs gelangen Sie stets durch Antippen des Pfeils in der linken unteren Ecke zurück in die Handlung bzw. letzte Szene.

Nun ist es an Ihnen, tätig zu werden: Im Raum befinden sich verschiedene Gegenstände, durch die Sie wichtige Informationen erhalten. Welche Dinge aktiv sind, erfahren Sie, indem Sie den Finger über dem Display gedrückt halten. Die entsprechenden Objekte werden dann mit einem blinkenden kleinen blauen Kreis markiert. Hier müssen Sie oft zweimal hinschauen, um diesen zu erkennen.

1. Um eines der aktiven Objekte genauer zu untersuchen, tippen Sie zunächst das Objekt ❶ und anschließend das nun erscheinende Auge ❷ an. Dadurch erscheint ein Dialog, der Auskunft über das entsprechende Objekt gibt.

Regal und Statue werden mit einem blauen Kreis markiert. Sie sollten diese Objekte also einmal näher untersuchen.

2. Außer dem Augensymbol zur Untersuchung von Objekten erscheinen oft auch zwei weitere Symbole: ein Lupen- und ein Zahnradsymbol ❸. Mit der Lupe starten Sie eine genauere Inspektion eines Gegenstandes, in dieser Geschichte also z. B. der Leiche von Pierre Carchon. Mit dem Zahnrad hingegen lassen sich Gegenstände in der Szene bewegen, wie etwa die Gardinen. Wenn Sie das tun, dann finden Sie ein Loch in der Glasscheibe.

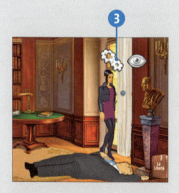

Durch Antippen des Zahnradsymbols können Sie Objekte bewegen oder verändern – hier beispielsweise die Gardinen.

3. Schauen Sie sich auf diese Weise alle Objekte an, die sich in dem Raum befinden. Es gibt bestimmte Schlüsselobjekte, deren Inspektion die Handlung vorantreibt. In unserem Beispiel sollte man nach der gründlichen Besichtigung des Tatorts wieder aus dem Zimmer gehen und mit der (nicht sonderlich trauernden) Witwe namens Imelda sprechen. Das erfahren Sie auch, wenn Sie sich nach einem Fingertipp auf das Fragezeichen (siehe ❸ auf Seite 177) die Tipps zur aktuellen Szene ansehen.

Kapitel 10: Die Jagd nach dem digitalen Diamanten – Abenteuer- und Rollenspiele

Die Tipps bringen Sie weiter, wenn Sie mal stecken geblieben sind.

Türen werden durch Antippen bzw. Anklicken des Handsymbols geöffnet.

4. Tippen Sie nun also die Tür an. Es erscheint eine Hand ❹. Wenn Sie die Hand berühren, dann öffnet sich die Tür, und Sie gelangen zurück in den Vorraum. Hier können Sie weitere Gegenstände inspizieren. Einige Dinge, wie beispielsweise die Spitzendecke auf dem Tisch, können durch Antippen in das Inventar (erkennbar an dem Koffersymbol am unteren linken Bildrand ❺) befördert werden. Die Gegenstände im Inventar werden sich früher oder später als nützlich erweisen.

5. Versuchen Sie, mit Imelda, der Witwe, zu sprechen. Das wird Ihnen zunächst nicht gelingen, da sie in ein Telefonat mit der Polizei vertieft ist. Der ultimative Tipp dazu: Machen Sie sich am Gemälde im Vorraum zu schaffen. Daraufhin beendet die Witwe ihr Telefonat und wendet ihre Aufmerksamkeit der Reporterin, also Ihrer Spielfigur, zu. Nun können Sie mit ihr sprechen. Das Gespräch führen Sie durch Antippen der nun erscheinenden Symbole. Sie erhalten nach dem Gespräch von der Witwe einen Schlüssel und gelangen dadurch in das nächste Zimmer. Nun können Sie auf eigene Faust weiterermitteln.

Im Inventar sammeln Sie transportable Gegenstände.

Durch Antippen der kleinen Bilder steuern Sie den Dialog.

Mit ein wenig Geduld haben Sie sicher bald den Dreh raus. Hier noch einmal die wichtigsten Regeln zum Spielen eines Point-and-Click-Adventures:

- Untersuchen Sie den Raum, in dem Sie sich aktuell befinden, durch Antippen der darin befindlichen Gegenstände.
- Führen Sie Gespräche mit Personen, die sich in der aktuellen Szene befinden.
- Sammeln Sie alle transportablen Gegenstände, die Sie bekommen können, und verstauen Sie diese im Inven-

WAS TUN?

Wenn Sie trotz der Tipps im Spiel nicht mehr weiterkommen, finden Sie auf YouTube auch zahlreiche sog. *Walkthrough*-Videos, die Sie Schritt für Schritt durchs Spiel führen. Einfach nach »YouTube Walkthrough Baphomets Fluch« googeln.

tar. Sie werden Ihnen irgendwann sicher einmal nützlich sein.
- Wenn Sie nicht mehr weiterkommen, dann sehen Sie sich die Tipps im Spiel an. Diese erreichen Sie über das Fragezeichen am rechten oberen Bildrand.

Lumino City – ein Spiel wie ein lebendiges Buch

Wer sich gerne in den Märchenwelten seiner Kindheit aufhält, der wird von *Lumino City* begeistert sein. Das Spiel überzeugt durch eine warmherzige, bis ins letzte Detail liebevoll gestaltete Landschaft, in der Sie sich schnell heimisch fühlen werden. Viele Begeisterte spielen das Spiel auch hauptsächlich deshalb, weil sie sich an der schönen Kulisse nicht sattsehen können. Diese ist übrigens in Handarbeit aus geschnittener Pappe entstanden. Lediglich bei den Spielcharakteren handelt es sich um Computeranimationen.

> **Darum geht es im Spiel**
> Die Heldin Lumi muss in Lumino City ihren Opa, einen begnadeten Erfinder, wiederfinden und dabei zahlreiche Rätsel lösen. Dabei handelt es sich zumeist um technische Objekte, die durch geschicktes Zusammensetzen wieder zum Laufen gebracht werden müssen.

Das Spiel ist in den App Stores für 4,99 € erhältlich.

1. Suchen Sie die App im App Store Ihres Smartphones oder Tablets, und installieren Sie es. Das Spiel kostet 4,99 €.

2. Starten Sie das Spiel durch Antippen des Symbols, und bestätigen Sie die geforderten Rechte.

3. Tippen Sie nun im Startdialog auf **Spielen** ❶.

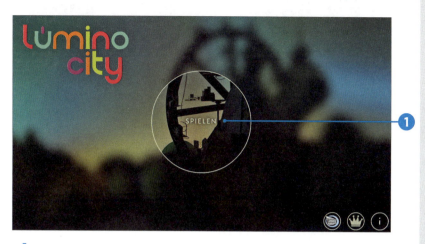

4. Das Spiel beginnt mit einer schlicht gestalteten Eröffnungssequenz, die sich *Großvaters Haus* nennt. Hier lernen Sie in Form eines Tutorials die Handlungsmöglichkeiten der Spielfigur kennen. Tippen Sie im ersten Bild auf **Eintreten** ❷.

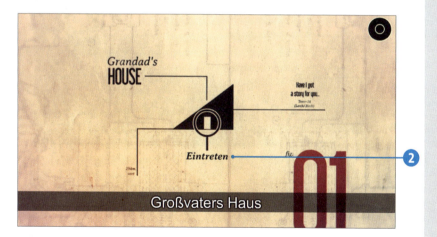

Level 1 der Einstiegssequenz: Großvaters Haus

5. Die erste Szene zeigt Lumi mit ihrem Großvater. Auf dem Bildschirm erscheinen Anweisungen, was zu tun ist. Tippen Sie einfach auf die Figur des Großvaters ❸, und die Unterhaltung kann beginnen. Um den Dialog fortzuführen, tippen Sie einfach immer wieder auf den Großvater.

Durch wiederholtes Antippen der Großvater-Figur wird der Dialog mit Lumi fortgesetzt.

6. Der Großvater bittet Lumi schließlich darum, ihm einen Tee zu machen. Kommen Sie der Bitte nach, und führen Sie Lumi die Treppe hinunter, indem Sie auf den nun erscheinenden roten Pfeil ❹ tippen.

7. Sie kommen schließlich in der Teeküche an. Nun müssen Sie Ihre erste Aufgabe bewältigen. Tippen Sie dazu auf die Utensilien, die sich auf dem Teetisch befinden ❺. Es gilt, einen der zwei Teebeutel ❻ per Fingerstreich in eine Teetasse zu befördern. Während Sie das tun, hören Sie ein krachendes Geräusch. Gehen Sie die Treppe wieder hinauf, und Sie müssen feststellen, dass der Großvater verschwunden ist.

Lumino City – ein Spiel wie ein lebendiges Buch

Folgen Sie nun einfach Schritt für Schritt den Anweisungen, die auf dem Bildschirm erscheinen:

- Heben Sie das Buch nebst Tasche auf, welches der Großvater fallen gelassen hat.
- Tippen Sie auf die Tasche.
- Werfen Sie einen Blick ins Buch. Dieses Notizbuch wird Ihnen später noch sehr nützlich sein.
- Verlassen Sie den Eingangsraum, indem Sie auf den roten Pfeil 7 am Ausgang tippen.
- Tippen Sie nun den Kreis mit der Beschriftung **To the City** 8 an.

8. Nun gelangen Sie in die farbenfrohe Lumino City. Gehen Sie als Erstes auf die Treppe zu. Sie werden feststellen, dass Sie dort nicht weit kommen.

Kapitel 10: Die Jagd nach dem digitalen Diamanten – Abenteuer- und Rollenspiele

9. Es ist also Kreativität gefragt. Neben der Treppe liegt ein kleines Stöckchen. Dieses heben Sie einfach durch Antippen auf. Klettern Sie auf die Kiste unter der Glocke, tippen Sie dann in Ihrem Inventar auf das Stöckchen, und führen Sie das Stöckchen an die Glocke. Ein Ton erklingt, und Sie werden mit der Glocke hoch in die Stadt Lumino City gezogen. Ihr Abenteuer kann beginnen!

10. Gleich nach der Ankunft erwarten Sie weitere Aufgaben und Rätsel. Es gilt zunächst, das Eingangsschloss zur Stadt zu knacken. Schauen Sie es sich doch einfach einmal durch Antippen etwas genauer an. Auf dem Schloss befinden sich fünf Knöpfe.

Nehmen Sie das Eingangsschloss näher in Augenschein!

11. Die Kratzspuren von Knopf zu Knopf sind schon einmal verdächtig. Aber was bedeuten sie genau? Dazu nehmen Sie das zentrale Werkzeug zu Hilfe: das Notizbuch des Großvaters, genannt *Der lehrreiche Leitfaden*. Sie erreichen es stets durch Antippen von Lumi selbst oder des Koffersymbols, welches immer dann erscheint, wenn Sie einen Gegenstand näher inspizieren. Tippen Sie das Buch im Inventar an. Das Inhaltsverzeichnis zeigt Ihnen, auf welchen Seiten Sie Informationen zu welchen Bereichen bzw. Szenen finden. Im vorliegenden Fall befinden wir uns am Torhaus. Dazu gibt es offenbar Einträge auf den Seiten 50, 80 und 135.

12. Führen Sie eine Wischbewegung von rechts nach links über dem Display durch. Dadurch blättern Sie schnell durch die Seiten des Buches. Durch Antippen der Pfeiltasten ❾ geht es etwas langsamer von Seite zu Seite und auch wieder zurück ❿. Auf Seite 50 des lehrreichen Leitfadens werden Sie schließlich fündig: Dort ist die Reihenfolge der Tasten notiert, in der die Schalter des Schlosses gedrückt werden müssen. Führen Sie das durch, und das Schloss des Tores wird sich öffnen.

Auf diese Weise enthüllen Sie als Lumi nach und nach die Rätsel von Lumino City. Ganz nebenbei können Sie sich auf der Suche nach dem Großvater natürlich an der schönen märchenhaften Kulisse erfreuen.

Großvaters Notizbuch verrät, wie Sie das Schloss zur Stadt Lumino City knacken.

Lumino City ist ein echter Augenschmaus – prall gefüllt mit kniffligen technischen Rätseln.

Kapitel 10: Die Jagd nach dem digitalen Diamanten – Abenteuer- und Rollenspiele

Nutzen Sie Zitronen als Ersatz für Kabel, oder bauen Sie Maschinen aus Zahnrädern zusammen.

KAPITEL 11

Das Runde muss ins Eckige – Sportspiele

Sicher haben Sie auch schon einmal etwas von der Diskussion mitbekommen, dass Computerspiele als Sport anerkannt werden sollen – man spricht hier von *E-Sport*. Allerdings handelt es sich dabei in erster Linie um Spiele, die sehr schnelle Reaktionen verlangen und daher in aller Regel der Jugend vorbehalten sind. Wir lassen es in diesem Kapitel jedenfalls wesentlich gemütlicher angehen – und schauen uns die Umsetzungen von Sportarten auf dem PC bzw. Smartphone in Spielform an.

»Sportler zu sein, das ist mehr, als nur gewisse körperliche Fähigkeiten zu haben. Sport passiert im Kopf.«

Stefan Raab

Golf – nicht nur für Manager und Ärzte

Lassen Sie uns mit dem Klassiker beginnen, den Sie schon aus Ihren Kindheitstagen kennen: *Minigolf*. Mit dem Computer bzw. dem Smartphone funktioniert das Lieblingsspiel der Deutschen ebenso wie in der freien Natur. Mit dem einzigen Unterschied, dass Sie es so auch bei Regen spielen können.

1. Es gibt sehr viele ansprechende Minigolfsimulationen. Nachfolgend stelle ich das Spiel *Minigolf* von Pixel Furnace vor, welches Android-Nutzer aus dem Google Play Store kostenlos laden und installieren können.

Kapitel 11: Das Runde muss ins Eckige – Sportspiele

iPhone-Nutzer können sich alternativ einmal das Spiel *Wonderputt* ansehen, welches ebenfalls sehr gute Kritiken erhalten hat und prinzipiell genauso einfach zu spielen ist.

2. Starten Sie das Spiel Minigolf durch Antippen des App-Symbols. Sie sehen auf der ersten Seite einen Dialog in englischer Sprache. Hier können Sie – wenn Sie möchten – durch einen In-App-Kauf (für 1,79 €) die lästige Werbung aus dem Spiel entfernen lassen. Tippen Sie dazu die entsprechende Option ❶ an, und bestätigen Sie Ihre Auswahl über die Schaltfläche **Confirm** ❷.

Per In-App-Kauf für 1,79 € können Sie auch die lästige Werbung entfernen.

3. Tippen Sie jetzt auf **New Game**, und das Spiel kann beginnen.

4. Sie sehen den folgenden Bildschirm:

Golf – nicht nur für Manager und Ärzte

3 Aktuelle Nummer der Bahn (Durch längeres Antippen dieses Felds erscheinen alle möglichen Bahnen.)

4 Aktuelle Anzahl der Schläge. Darunter steht die sog. *Par*-Zahl, also die Anzahl von »Schlägen«, die durchschnittlich für diese Bahn benötigt wird.

5 Kamera-Perspektive der Bahn: Zeigt die Bahn in Form einer Kamerafahrt. Dadurch erhalten Sie einen Eindruck, welche Hindernisse zu erwarten sind.

6 Pause-Schaltfläche: Hier gelangen Sie u. a. zu den Optionen der App.

7 Abschlag-Schaltfläche **Hold & Release** (»halten und loslassen«), um den Ball zu schlagen

8 Abschlagsrichtungspfeile: Damit steuern Sie die Abschlagsrichtung.

5. Los geht's mit der ersten Bahn und dem ersten Schlag. Die Bahn ist relativ einfach, der Ball muss hier einfach etwas kräftiger geradeaus geschlagen werden. Halten Sie den Finger auf dem Ball am unteren Bildrand gedrückt, bis sich der Balken darüber langsam füllt. Dieser gibt die Abschlagstärke wieder. Wenn Sie den Finger loslassen, wird der Ball abgeschlagen.

Der Balken füllt sich bei gedrücktem Finger.

Kapitel 11: Das Runde muss ins Eckige – Sportspiele

On Par bedeutet, dass Sie mit der Anzahl Ihrer Schläge gleichauf liegen mit derjenigen Anzahl, die für die Bahn angesetzt wurde.

Bringen Sie den Ball durch Antippen der zwei Pfeiltasten in die korrekte Richtung.

6. Wenn Sie das richtige Timing erwischt haben, dann rollt der Ball auf direktem Weg in das Loch. Danach werden Sie zur nächsten Bahn weitergeleitet. Diese ist ähnlich einfach. Das dort zu findende Hindernis ist ein Hügel, den Sie einfach nur geradlinig schwungvoll überwinden müssen.

7. Nun wird es schon etwas anspruchsvoller: Die nächste Bahn geht ums Eck. Der Trick besteht jetzt darin, den Ball so über die Pfeiltasten auszurichten, dass er genau an der Eckstrebe in einem 90-Grad-Winkel abprallt. Mit etwas Glück schaffen Sie es, dass der Ball dann direkt ins Loch gerät. Falls nicht, benötigen Sie noch einen zweiten Schlag. Das wäre für die aktuelle Bahn »Par«, also, wie gesagt, so viele Schläge, wie im Durchschnitt für die Bahn angesetzt sind.

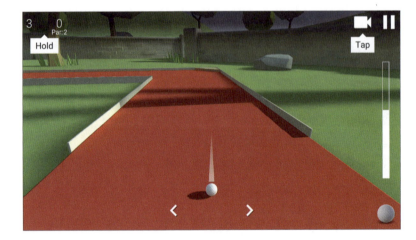

8. Nun wird es von Bahn zu Bahn anspruchsvoller. Im nächsten Kurs müssen Sie den Ball an einem Hindernis vorbei dirigieren. Das erfordert im Durchschnitt drei Schläge, d. h., Par ist bei dieser Bahn 3.

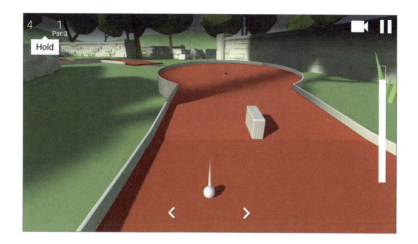

9. Wenn Sie sich einen Überblick darüber verschaffen möchten, welche Par-Zahlen bzw. Schwierigkeiten Sie auf den nächsten Bahnen erwarten werden, dann tippen Sie den Bildschirm in der oberen linken Ecke länger an. Dadurch erscheint ein **Scoreboard**, das Ihnen die Schwierigkeiten der künftigen Bahnen aufzeigt.

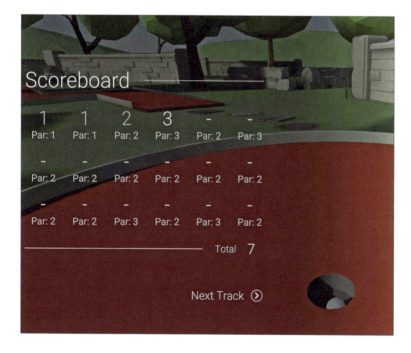

Das Scoreboard zeigt Ihnen den aktuellen Spielfortschritt sowie die Par-Zahlen der künftigen Bahnen.

Kapitel 11: Das Runde muss ins Eckige – Sportspiele

> **Auch die gibt es: Simulationen des richtigen Golfspiels**
>
> Die App Stores sind voll von Simulationen, die sich am »echten« Golfspiel orientieren. Diese sind aber gerade für Einsteiger viel zu überladen, als dass richtige Spielfreude dabei aufkommen würde.

Fußball – breitentauglich auch in digitaler Form

Es gibt relativ viele Fußballsimulationen. Leider sind die meisten recht schwer zu spielen, also sehen wir uns mal nach einer einfachen Variante um ... und werden bei *Stickman Soccer* für Mobilgeräte fündig!

> **So funktionieren Computerfußballspiele**
>
> Sie finden im Normalfall zwei Mannschaften mit kleinen digitalen Spielfiguren auf dem Display vor. Eine der beiden Mannschaften dürfen Sie steuern. Die Figur, die im Ballbesitz ist, kann, falls sie zu Ihrer Mannschaft gehört, bewegt werden. Das geschieht entweder mit einem virtuellen Steuerkreuz am Smartphone oder, wenn Sie ein entsprechendes Spiel am PC spielen, per Maus. Außerdem kann die Figur im Ballbesitz den Ball per Pass weitergeben oder einen Schuss aufs Tor abgeben – genauso also, wie man es vom »echten« Fußball kennt!

Stickman Soccer gibt es als kostenlose App in den App Stores für iOS und Android. Weitere Möglichkeiten eröffnen sich durch In-App-Käufe. Zum Spielen ist eine Internetverbindung erforderlich.

1. Suchen Sie im App Store für Ihr Mobilgerät nach Stickman Soccer, und installieren Sie das Spiel. In der Basisvariante ist das Spiel kostenlos, es werden aber auch diverse Möglichkeiten für In-App-Käufe angeboten.

Fußball – breitentauglich auch in digitaler Form

2. Starten Sie Stickman Soccer durch Antippen des App-Symbols, und stimmen Sie den geforderten Berechtigungen (wie dem Zugriff auf den Speicher des Geräts) zu. Danach startet das Spiel. Das Spiel benötigt eine Verbindung zum Internet. Tippen Sie auf dem Begrüßungsbildschirm auf die Play-Schaltfläche ❶. Über das Options-Menü ❷ können Sie an dieser Stelle bereits einige Ton- bzw. Bildeffekte Ihrem Geschmack entsprechend anpassen.

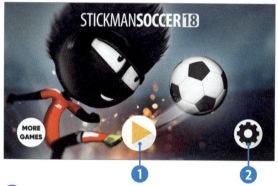
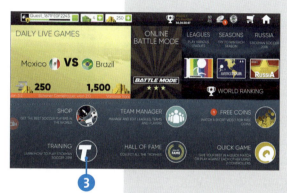

3. Auf dem folgenden Bildschirm mit dem Hauptmenü gehen wir zunächst in den Bereich **Training** ❸. In einer kleinen Begrüßungssequenz werden Ihnen die zwei Mannschaften vorgestellt, die gegeneinander spielen. Wenn Sie diese Sequenz überspringen möchten, tippen Sie auf die Vorwärts-Taste ❹.

4. Das Trainingsspiel kann beginnen! Auf der Bildfläche erscheinen nun die wichtigsten Steuerelemente:

Bewegen des Steuerkreuzes: linken Zeigefinger auflegen und in die gewünschte Richtung bewegen

Tasten **Pass**, **Sprint** und **Shoot** am rechten Bildrand: entsprechende Aktionen durch Antippen auslösen

5 **Steuerkreuz**: Damit bewegen Sie die Spielfigur, die aktuell den Ball besitzt (erkennbar am weißen Kreis um die Spielfigur 6). Befinden Sie sich in der Abwehr, dann lässt sich damit die komplette Mannschaft in die Verteidigung bewegen.

7 **Pass**: Die im Ballbesitz befindliche Figur spielt den Ball einem Mannschaftskameraden zu. Die Taste verwandelt sich in die Funktion **Switch/Defend**, wenn die gegnerische Mannschaft im Ballbesitz ist. Damit können Sie versuchen, dem Gegner den Ball abzujagen.

8 **Sprint**: Die im Ballbesitz befindliche Figur legt einen Sprint ein und kann damit den Gegner abhängen.

9 **Shoot**: Führt vor dem Tor einen Torschuss durch. Wenn Sie diese Schaltfläche etwas länger antippen, dann wird der Torschuss härter.

Verfolgen wir doch einmal eine kleine Spielsequenz, um das Spielprinzip näher kennenzulernen:

Fußball – breitentauglich auch in digitaler Form

- Ihre Mannschaft (im Beispiel Brasilien) hat Anstoß. Suchen Sie sich einen Anspielpartner mithilfe des Steuerkreuzes aus, und geben Sie Ihrem Mannschaftskameraden den Ball via **Pass** ab.

- Der aktive Spieler sprintet mithilfe der Taste **Sprint** durch die gegnerischen Reihen. Die Richtungssteuerung übernimmt dabei das Steuerkreuz.

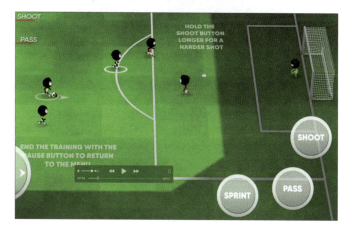

- Der Angreifer steht schließlich allein vor dem Torwart und zieht mit der Taste **Shoot** ab. Aber Pech gehabt! Der gegnerische Torwart pariert den Schuss!
- Gegenangriff! Die gegnerische Mannschaft (hier: Russland) ist im Ballbesitz. Der Gegenangriff muss nun durch Antippen von **Switch/Defend** 10 und Nachlaufen hinter dem Ball abgefangen werden.

Kapitel 11: Das Runde muss ins Eckige – Sportspiele

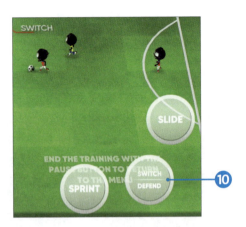

- Erneute Chance zum Kontern! Wieder löst sich ein eigener Spieler per Sprint von einem Gegner. Er kommt über die linke Flanke, steht frei vorm Tor, zieht ab und ... Toooor!

Der Torjubel kennt keine Grenzen!

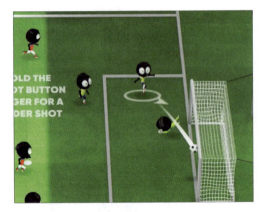

Genug trainiert? Dann tippen Sie oben am rechten Rand auf die **Pause**-Taste. Sie gelangen ins Hauptmenü und können nun ein echtes Match beginnen. Das funktioniert folgendermaßen:

1. Tippen Sie den Eintrag **Quick Game** ❶ an. Ihnen werden zwei Mannschaften vorgeschlagen, die gegeneinander spielen sollen ❷. Per Wischgeste über dem Display können Sie auch andere Mannschaften auswählen.

Fußball – breitentauglich auch in digitaler Form

Mit einer Wischgeste können Sie auch eine andere Paarung auswählen.

Der Klassiker ruft: Deutschland gegen Brasilien! Sie übernehmen immer die links stehende Mannschaft, also hier Deutschland.

2. Tippen Sie nach der Mannschaftsauswahl den gelben Pfeil oben rechts ❸ an. Nun lassen sich der Schwierigkeitsgrad des Spiels sowie die Dauer des Matchs auswählen. Hier empfehle ich Ihnen zunächst die einfache Schwierigkeit (**Easy** ❹) sowie eine Spielzeit von 4 Minuten ❺.

Tippen Sie erneut auf den Pfeil in der oberen rechten Ecke ❸, und das Spiel beginnt mit dem Einlauf der Mannschaften. Sie können die Szene aber auch mit dem Vorwärts-Pfeil ❻ überspringen. Das eigentliche Spiel funktioniert dann

Schwierigkeitsgrad und Spieldauer können ausgewählt werden.

199

Kapitel 11: Das Runde muss ins Eckige – Sportspiele

Tor für Deutschland!

wie das Training. Geben Sie Ihr Bestes, um den Gegner zu besiegen!

Tennis

Lendl, Borg, Becker, Graf und Agassi waren die Helden Ihrer Jugend? Dann sind Sie bei *Virtua Tennis Challenge* von Sega goldrichtig. Das Spiel ist eine perfekte Umsetzung des Spiels mit dem Filzball.

1. Suchen Sie das Spiel Virtua Tennis Challenge im App Store Ihres Mobilgeräts, und installieren Sie es. Es ist in der Basisversion kostenlos, kann aber für 2,29 € per In-App-Bezahlung zu einer Premium-Version aufgewertet werden, die keine Werbeeinblendungen mehr enthält.

Virtua Tennis Challenge gibt es kostenlos in den App Stores, die Premium-Version ohne Werbung kostet 2,29 €.

200

2. Tippen Sie im Eröffnungsbildschirm zunächst auf **Training** ❶, um das Spiel kennenzulernen. Ein Tutorial führt Sie durch die wichtigsten Spielzüge. Sie beginnen mit dem Training des Aufschlags. Die Steuerelemente auf dem Bildschirm sollten Sie kennen bzw. bedienen können:

❷ Steuerkreuz zur Bewegung des Spielers und Vorgabe der Ballrichtung
❸ **Lob**: Der Ball wird über den Gegenspieler gelupft.
❹ **Slice**: Der Ball wird von unten angeschnitten und bleibt auf der Gegenseite quasi stehen.
❺ **Topspin/Aufschlag**: Ein wirksamer regulärer Schlag, der meist von der Grundlinie aus gespielt wird.
❻ **Schmetterball**: Damit geben Sie dem Gegner Saures, insbesondere wenn Sie dicht am Netz stehen.

3. Beim Aufschlag positionieren Sie zunächst den Spieler über das Steuerkreuz am unteren linken Bildrand. Halten Sie den Finger über dem Kreuz gedrückt, und verschieben Sie den Spieler damit an die gewünschte Position. Tippen Sie nun auf die Topspin-Schaltfläche ❺. Der Power-Aufschlag-Balken (siehe die Abbildung auf Seite 202) füllt sich. Kurz vor Erreichen des Maximums tippen Sie noch einmal auf den gelben Pfeil, und der Balken bleibt stehen. Der Schlag erfolgt nun mit der angezeigten Energie. Sie können dem Ball eine Richtung geben, indem Sie das Steuerkreuz kurz vor dem Aufschlag in die Richtung bewegen, in welche der Ball gehen soll.

Das erste Ziel ist es, mit dem Aufschlag die roten Luftballons auf der gegnerischen Seite zu zerstören. Dadurch und auch durch die Härte der Schläge erhalten Sie die maxi-

Kapitel 11: Das Runde muss ins Eckige – Sportspiele

Der Powerbalken bestimmt die Härte des Aufschlags. Hier wurde die maximale Energie erreicht.

male Punktzahl. Für jede zu absolvierende Übung gilt es, eine Mindestpunktzahl zu erreichen.

4. In der nächsten Trainingsrunde geht es darum, die Bälle des Gegners zu parieren. Konzentrieren Sie sich dabei zunächst nur auf Standardgrundlinienschläge, d. h., bewegen Sie die Spielfigur mithilfe des Steuerkreuzes auf der linken unteren Bildhälfte nur nach links oder rechts. Ein Schlag wird pariert, indem Sie, sobald Ihr Gegner den Ball geschlagen hat, mit dem Finger eine der Schlagschaltflächen am rechten unteren Bildrand antippen.

Parieren Sie im zweiten Teil des Tutorials die Schläge Ihres Gegners, indem Sie von der Grundlinie aus die Schlagtasten antippen. Ihr Spieler läuft dabei automatisch auf den Ball zu.

Am besten konzentrieren Sie sich zunächst auf einen Schlagtyp, z. B. den Topspin. Je eher Sie bei einem Schlag reagieren, umso härter wird der Ball zurückgeschlagen. Die Richtung des Schlags wird erneut durch das Steuerkreuz bestimmt.

Spielen Sie das Tutorial ruhig mehrmals durch, um Sicherheit zu bekommen.

5. Spielen Sie auf diese Weise alle Lektionen des Tutorials durch. Nun sind Sie einigermaßen gut gerüstet für Ihr erstes Match! Dorthin werden Sie nach dem Absolvieren des Tutorials automatisch geführt.

Es wird ernst! Sie müssen sich gegen einen Computergegner behaupten!

6. Versuchen Sie, Ihren Gegner beim ersten offenen Match zu besiegen. Das ist gar nicht so einfach.

Anschließend haben Sie im Spiel die Möglichkeit, gegen »echte« Gegner rund um den Globus, also gegen Spieler wie Sie, im Rahmen der *SPT World Tour* anzutreten oder einfach erneut ein Match gegen einen Computergegner, diesmal aber außerhalb des Tutorials, zu spielen, indem Sie das Spielerbild rechts im Hauptmenü antippen.

Ein Match gegen einen Computergegner starten Sie mit einem Fingertipp auf das Bild des Spielers.

Über den Bereich **Optionen** können Sie die Steuerung und Darstellung des Spiels beeinflussen.

Erlebnisqualität des Spiels durch neue Kameraperspektive steigern

Virtua Tennis beeindruckt insbesondere durch die dynamische Bildperspektive. Um das »Mittendrin-Erlebnis« noch zu steigern, können Sie die Darstellungsform verändern. Tippen Sie dazu im Hauptmenü des Spiels auf den Buchstaben **i** am rechten unteren Bildrand, und wählen Sie anschließend den Punkt **Optionen**. Im Bereich **Kameratyp** ❶ ändern Sie die Darstellungsform des Spiels nun von **TV** ❷ auf **Dynamisch** ❸. Im Bereich **Steuerung** ❹ haben Sie übrigens auch die Möglichkeit, von der standardmäßig vorgesehenen Steuerung per Schaltflächen, welche einem sog. *Controller* bzw. *Gamepad* nachempfunden ist, auf eine Gestensteuerung umzuschalten, die einem mobilen Gerät letztlich mehr entspricht. Das empfehle ich allerdings nur bereits gut geübten, fortgeschrittenen Spielern.

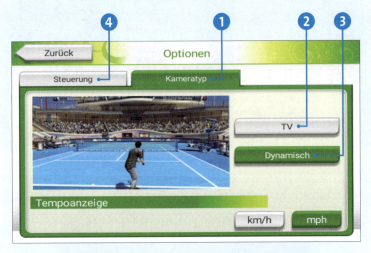

Wenn Sie die Kameraperspektive anpassen, wirkt das Spiel noch lebensnaher.

KAPITEL 12

Spannende Rennen – zu Lande, zu Wasser und in der Luft

Schnallen Sie sich gut an – denn jetzt wird es rasant! Fahren Sie mit mir in tollkühnen Autos durch fantastische Landschaften, oder brettern Sie per Jetski über Wasserkanäle. Rennspiele am Computer haben einen unschätzbaren Vorteil: Selbst wenn Sie sich dabei überschlagen und im Graben landen, bleiben Sie heil und können immer wieder von vorn anfangen.

»Die wirklich guten Fahrer haben die Fliegen auf den Seitenscheiben.«
Walter Röhrl

Rasant mit dem Buggy um die Häuser

Ein äußerst beliebtes Spiel über sämtliche Generationsgrenzen hinweg ist *Mario Kart* von Nintendo. Dummerweise ist dieses Spiel nur für Spielekonsolen aus dem Hause Nintendo erhältlich, z. B. für die sog. *Switch* (siehe dazu auch Kapitel 17, »Spielen auf dem nächsten Level – Spielekonsolen und die virtuelle Realität«, ab Seite 307). Aber glücklicherweise gibt es Alternativen: Wir werfen im Folgenden einen Blick auf *Beach Buggy Racing* für Smartphone und Tablet.

Beach Buggy Racing steht als App in den Stores kostenlos zur Verfügung und kann bei Bedarf durch In-App-Käufe aufgewertet werden.

1. Suchen Sie im App Store Ihres Mobilgeräts nach dem Spiel Beach Buggy Racing, und installieren Sie es. Das

Kapitel 12: Spannende Rennen – zu Lande, zu Wasser und in der Luft

Spiel ist in der Standardversion kostenlos, kann aber durch In-App-Käufe aufgewertet werden.

2. Starten Sie das Spiel durch Antippen des App-Icons. Sie werden vom Startbildschirm begrüßt. Tippen Sie hier auf **Spielen** ❶.

3. Sie gelangen zunächst zu einem Tutorial, das Ihnen u. a. die Steuerung des Spiels erklärt. Tippen Sie auf die Schaltfläche **Neigen** ❷, um die Neigungssteuerung zu aktivieren. Dadurch lässt sich Ihr Smartphone bzw. Tablet wie ein Lenkrad verwenden: Halten Sie es im Querformat in beiden Händen, und neigen Sie es nach links, dann steuert der Buggy nach links; neigen Sie es nach rechts, dann geht die Fahrt nach rechts.

Sie steuern Ihren Buggy entweder per Neigung oder Berührung des Bildschirms. Gerade Anfänger tun sich mit der Neigungssteuerung leichter.

Rasant mit dem Buggy um die Häuser

4. Lassen Sie sich durch das Tutorial führen. Hier lernen Sie zudem, wie Beschleunigung und Bremsen funktionieren:

- Die gute Nachricht: Das Fahrzeug wird automatisch beschleunigt, darum müssen Sie sich also nicht extra kümmern.
- Sie bremsen Ihr Fahrzeug, indem Sie entweder mit dem linken oder rechten Daumen unten auf die gestrichelten Bereiche ❸ im Display tippen.

5. Ihre erste Aufgabe ist es, einen Berg hochzufahren, ohne dabei die auf der Strecke befindlichen Hindernisse in Form von Obstkarren ❹ zu zerstören. Versuchen Sie Ihr Glück!

Fahren Sie Slalom um die Obstkarren herum.

6. Nachdem Sie ein Gefühl für die Steuerung bekommen haben, gilt es nun, glühende Blasen ❺ auf der Straße aufzusammeln. Diese bieten Ihnen später im Verlauf des Spiels die Möglichkeit, den sog. *PowerUp* zu zünden – das ist eine Rakete, mit der Sie andere Fahrzeuge aus dem Weg räumen können. Fahren Sie los, und sammeln Sie so viele Blasen wie möglich ein.

7. Danach tippen Sie auf die PowerUp-Schaltfläche ❻ und versuchen, damit ein vorausfahrendes Fahrzeug abzuschießen.

Nach dem Tutorial fahren Sie ein erstes Rennen gegen einige Computergegner. Versuchen Sie, hier als Erster durchs Ziel zu kommen.

Rasant mit dem Buggy um die Häuser

Nun treten Sie gegen einige Computergegner an.

Nachdem Sie das Tutorial und Ihr erstes Rennen absolviert haben, können Sie in die Rennserie einsteigen. Dazu tippen Sie im nun erscheinenden Hauptbildschirm auf **Serie auswählen** ❶ und anschließend auf das Symbol einer Rennserie, die freigeschaltet wurde. Im Beispiel hier ist das **Easy Street** ❷.

8. Im nächsten Bildschirm werden Sie zu einem Rennen geführt. Tippen Sie dazu die Schaltfläche **Spielen** an. Ein kurzer Einführungsdialog erläutert Ihnen das Ziel des aktuellen Kurses, und los geht's: Fahren Sie, was das Zeug hält!

Kapitel 12: Spannende Rennen – zu Lande, zu Wasser und in der Luft

Die Strategie von Beach Buggy Racing
Bestreiten Sie Rennen, um Preisgelder zu gewinnen. Mit dem gewonnenen Geld können Sie Ihr Fahrzeug aufrüsten und dadurch die Gegner leichter besiegen.

Feucht-fröhlicher Spaß: Riptide GP

Haben Sie auch schon einmal neidisch das Treiben der Jetski-Piloten am Meer bewundert? Diese Wassermotorräder sind aber auch wirklich eine tolle Sache. Grund genug, nach einer Umsetzung in digitaler Form Ausschau zu halten. Dabei werden Sie mit dem rasanten Rennspiel *Riptide GP: Renegade* fündig.

1. Halten Sie im App Store Ihres Mobilgeräts Ausschau nach dem Spiel Riptide GP: Renegade, und installieren Sie es. Es kostet aktuell 2,99 € für Android und 3,49 € für iOS.

2. Starten Sie das Spiel durch Antippen des App-Symbols. Bestätigen Sie die geforderten Rechte.

3. Tippen Sie im Hauptdialog auf das Feld **Starten** ❶.

Die App ist für das Android-Smartphone (2,99 €) und das iPhone bzw. iPad (3,49 €) erhältlich.

210

Feucht-fröhlicher Spaß: Riptide GP

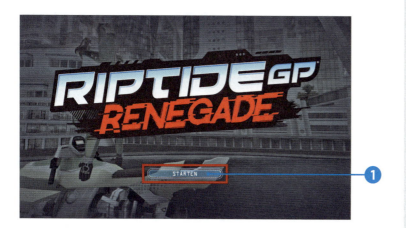

4. Wählen Sie im folgenden Dialog den männlichen Avatar namens **Impact** ❷ oder den weiblichen Avatar namens **Poison** ❸ aus.

Ein *Avatar* ist eine Figur in einem Computerspiel, in deren Rolle Sie schlüpfen.

5. Danach geht es gleich los. Bestätigen Sie die einführenden Dialoge des Tutorials jeweils mittels **Weiter**. Sie werden nun nach und nach mit den Steuermöglichkeiten im Spiel vertraut gemacht. Die wichtigsten sind:

- Gesteuert wird durch die Neigung Ihres Smartphones bzw. Tablets nach rechts bzw. links.
- Der Jetski wird automatisch beschleunigt.
- Es gibt einige Rampen im Spiel, die zum Springen oder für Tricks verwendet werden können.

Kapitel 12: Spannende Rennen – zu Lande, zu Wasser und in der Luft

Los geht's! Starten Sie für ein kleines Rennen, um sich mit der Steuerung des Spiels vertraut zu machen. Außerdem lernen Sie im Verlauf des Tutorials einige Tricks:

In rasanter Fahrt geht es per Jetski durch das Kanalsystem einer fiktiven Stadt. Gesteuert wird durch Neigung des Smartphones bzw. Tablets nach rechts bzw. links.

- Mit beiden Daumen links und rechts am Display hochwischen: Der Fahrer springt kurzzeitig aus dem Sitz.
- Daumen links über dem Display hochführen, Daumen rechts herunter: Der Fahrer dreht sich mit dem Jetski um die eigene Achse – das ist ein sog. *Tabletop*.
- Wenn Sie das Turbosymbol oben rechts auf dem Bildschirm 4 antippen, wird der Nachbrenner des Jetskis gezündet.

Nachdem Sie das Tutorial erfolgreich abgeschlossen haben, können Sie ins echte Renngeschehen einsteigen. Dazu wählen Sie zunächst einen Schwierigkeitsgrad aus. Ich empfehle an dieser Stelle zunächst **Einfach** 5. Der Schwierigkeitsgrad lässt sich später problemlos steigern.

Im nächsten Dialog wählen Sie einen Kurs aus, und Ihre Rennkarriere startet. Versuchen Sie, die anderen Jetskis zu überholen und als Erster ins Ziel zu gelangen. Das ist beim einfachen Schwierigkeitsgrad gut zu meistern. Während

Feucht-fröhlicher Spaß: Riptide GP

der rasanten Fahrt können Sie auch den ein oder anderen im Tutorial vorgestellten Stunt ausprobieren. Für Stunts gibt es zusätzliche Punkte.

Im Rennmodus sehen Sie links oben Ihre aktuelle Position im Teilnehmerfeld ❻. Die Pfeile in der Bildmitte ❼ kündigen eine Kurve an.

Ziel des Spiels ...

... ist es, in den Rennen Sterne und Preisgelder durch Siege zu sammeln. Über die gewonnenen Sterne schalten Sie höhere Level frei. Durch Geldgewinne im Rennen können Sie darüber hinaus Ihren Jetski aufrüsten, um gegen die stärker werdenden Gegner zu bestehen und auf der Karriereleiter nach oben zu steigen.

Das gewonnene Geld können Sie u. a. für ein Upgrade Ihres Jetskis verwenden.

Kapitel 12: Spannende Rennen – zu Lande, zu Wasser und in der Luft

Frei wie ein Vogel

Haben Sie auch schon einmal davon geträumt, sich frei wie ein Vogel in der Luft zu bewegen? Das können Sie im echten Leben per Gleitschirm tun! Und wer sich das in der Realität nicht traut, der kann es digital mit dem Gleitschirmsimulator tun.

1. Begeben Sie sich mit Ihrem Android-Smartphone in den Google Play Store. Suchen Sie das Spiel *Paragliding Simulator*, und installieren Sie es. Leider gibt es den Simulator bislang nur für Android. Per In-App Kauf lässt sich das Spiel von Werbung befreien.

Die App Paragliding Simulator gibt es nur für Android. Inklusive Werbung ist sie kostenlos.

2. Starten Sie das Spiel durch Antippen des App-Symbols. Wählen Sie im erscheinenden Hauptmenü des Spiels **Start** ❶.

3. Tippen Sie im folgenden Menü auf die Disziplin **FF** ❷. Der Freiflug ist für Einsteiger in die Materie bestens geeignet.

4. Wählen Sie nun ein Terrain, das Sie sich näher im Flug anschauen möchten, z. B. **MAP 1** ❸.

Frei wie ein Vogel

- **FF**: Freiflug
- **XC**: Streckenflug
- **Acro**: Akrobatische Manöver
- **PPG**: Motorgleitschirm
- **ACY**: Punktlandewettbewerb

5. Durch Antippen der Richtungsschaltflächen **North**, **South** oder **Middle** ❹ können Sie sich nun zunächst eine bestimmte Geländeperspektive heraussuchen. Bestätigen Sie Ihre Auswahl dann mit **OK** ❺.

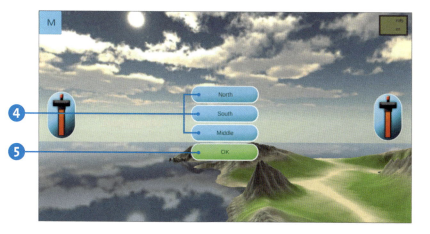

6. Wählen Sie im nächsten Dialog den Gleitschirmtyp aus. Ich empfehle für Einsteiger den **normal glider** ❻.

- ❼ Linken Griff herunterziehen: nach links lenken
- ❽ Rechten Griff herunterziehen: nach rechts lenken

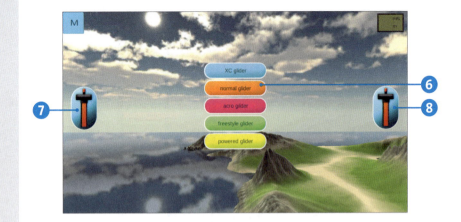

7. Direkt nach der Auswahl des Gleitschirms geht es los. Der Gleitschirm wird lediglich mit den zwei Steuergriffen am linken ❼ bzw. rechten Bildrand ❽ gesteuert. Halten Sie Ihre Daumen auf die beiden Griffflächen. Ziehen Sie per Daumendruck den rechten Griff herunter, dann bewegen Sie sich nach rechts, ziehen Sie den linken Griff, dann geht es nach links. Einfach, oder?

8. Erkunden Sie nun mithilfe Ihres Gleitschirms die virtuelle Landschaft, und lernen Sie dabei die Steuerung Ihres Schirms kennen. Sie werden bemerken, dass der Gleitschirm steigt, wenn Sie sich über einen Berggrat bewegen. Dieser Effekt ist durch die Thermik, also warme Luft, bedingt, die vom Talgrund aus am Bergrücken hochfließt. Die Thermik sorgt dafür, dass man mit dem Gleitschirm »oben« bleibt.

9. Über die Schaltfläche **M** oben links ❾ klappen Sie das Menü der App auf. Hier können Sie etwa die Kameraperspektive verändern oder die Zeitlupenfunktion einstellen.

cameras: Kameraperspektive
slowmo: Zeitlupenfunktion
quit: aktuelle Spielvariante verlassen
glider: Gleitschirmtyp ändern
<: Menü wieder einklappen

10. Nun können Sie sich auch einmal an einem Wettkampf versuchen. Dabei gilt es, eine Strecke von roten Ballons abzufliegen. Verlassen Sie den aktuellen Flug über den Menüpunkt **quit**, und wählen Sie im Hauptmenü den Punkt **XC**, also den Streckenflug.

11. Versuchen Sie, mit Ihrem Gleitschirm die roten Ballons, welche die Strecke markieren, zu erreichen. Sie werden dabei feststellen, dass es an den Bergflanken reichlich Aufwinde gibt, mit deren Hilfe Sie Ihre Höhe aufbauen können – genau wie beim richtigen Fliegen. Die aktuelle Steigrate sowie Ihre Höhe erkennen Sie an dem kleinen Feld am rechten oberen Bildrand ❿.

Im Streckenflugmodus folgen Sie einer Spur, die durch rote Ballons markiert ist. Nutzen Sie dabei die Thermik an den Bergflanken zum Steigen aus.

Zum Beschleunigen des Motors beim Motorschirmfliegen ziehen Sie den rechten Steuergriff nach links.

12. Schließlich können Sie sich auch einmal an den anderen Modulen des Spiels (motorisiertes Fliegen, Akrobatik) versuchen. Sie werden sehen: Fliegen macht unglaublich viel Spaß.

KAPITEL 13
Große Dinge bewegen – Simulationsspiele

Haben Sie als Kind auch schon davon geträumt, der Chef eines eigenen Bauernhofs zu sein oder als Lokführer sicherzustellen, dass der Zug pünktlich ankommt? Die App Stores sind voll von faszinierenden Simulationsspielen. Allerdings sollte man hier genau hinschauen, damit das Simulationsvergnügen nicht zu kompliziert wird.

»Eine Kuh macht Muh – viele Kühe machen Mühe.«
Volksmund

Den eigenen Bauernhof managen

Beginnen wir mit einer nicht allzu schwierigen Bauernhofsimulation, die Sie in jedem beliebigen Browser am PC spielen können: *Goodgame Big Farm*. Das Spiel ist kostenlos (*free to play*), es sei denn, Sie möchten schneller im Spielverlauf vorankommen.

Free-to-play Spiele sind kostenlos. Wer jedoch schneller vorankommen möchte, der kann den Spielverlauf durch den Kauf von virtuellen Münzen beschleunigen.

Goodgame Big Farm wird am PC gespielt.

Kapitel 13: Große Dinge bewegen – Simulationsspiele

Sie benötigen einen Browser, der Flash-Inhalte darstellen kann.

1. Begeben Sie sich per Browser am PC auf die Seite *https://bigfarm.goodgamestudios.com*. Im Begrüßungsbild werden Sie darüber informiert, dass Ihr Browser in der Lage sein muss, sog. *Flash-Inhalte* darzustellen (siehe dazu die Erklärungen im Abschnitt »Das benötigen Sie, um Spiele im Browser zu spielen« ab Seite 20). Klicken Sie auf das Feld **Get Adobe FlashPlayer**. Nun werden Sie entweder zur Downloadseite von Adobe geleitet und können dort Flash herunterladen und installieren, falls Flash noch nicht auf Ihrem System installiert wurde, oder Sie müssen in einem weiteren Dialog die Ausführung von Flash explizit genehmigen. Danach starten Sie am besten den Browser noch einmal neu und begeben sich auf die oben angegebene Seite.

Erstellen Sie zunächst auf der Startseite ein neues Konto für das Spiel. Das kennen Sie ja sicher bereits von anderen Spielen oder Google bzw. Facebook. Das Anlegen eines Kontos ist natürlich kostenlos und dient nur dazu, Ihren Spielfortschritt festzuhalten.

2. Auf der ersten Seite werden Sie zunächst aufgefordert, ein Konto für das Spiel zu erstellen. Sind Sie noch nicht angemeldet, wählen Sie **Registrieren** ❶ aus, geben sich einen beliebigen Spielernamen ❷ und denken sich ein Passwort ❸ aus. Sollte der Spielername schon existieren, erhalten Sie eine Rückmeldung. In diesem Fall müssen Sie einen anderen Namen wählen.

220

3. Klicken Sie anschließend auf **Spielen** ❹. Sie werden von einer freundlichen jungen Dame begrüßt, die Sie von nun an durch ein Tutorial geleiten wird. Klicken Sie, nachdem Sie die jeweilige Erläuterung gelesen haben, auf **Weiter** ❺.

4. Wie Sie von der Dame erfahren, sind Sie soeben stolzer Besitzer eines Bauernhofs (engl. *Farm*) geworden. Ihre erste Aufgabe besteht darin, den Mais des Vorbesitzers abzuernten. Dazu klicken Sie einfach mit der Maus auf den reifen Mais ❻.

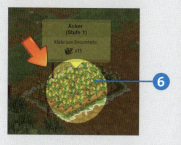

Der Mais wird nun abgeerntet, und einige Erntehelferinnen sammeln den Mais ein.

5. Damit der Acker nicht brachliegt, sollten Sie wieder etwas darauf säen. Klicken Sie die Ackerfläche erneut an, und wählen Sie in dem nun auftauchenden Ring das Symbol für **Säen** ❼.

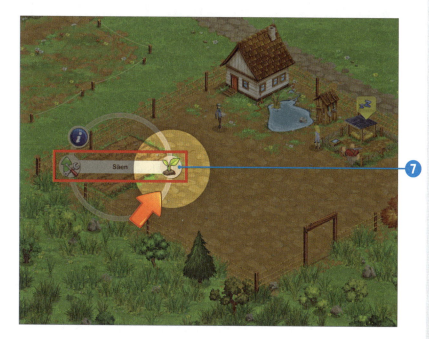

Kapitel 13: Große Dinge bewegen – Simulationsspiele

Die Grundidee des Spiels
Geld für Saatgut und Infrastruktur ausgeben – Geld durch Ernte einnehmen

6. Säen Sie als Erstes Wildblumen. Diese benötigen noch keine übermäßige Pflege und sind relativ günstig in der Anschaffung des Saatguts.

7. Die soeben gesäten Wildblumen wachsen nun im Hintergrund munter vor sich hin. Nun gilt es, eine funktionierende Infrastruktur zur Weiterverarbeitung der Ernte aufzubauen. Der Mais muss beispielsweise in einer Maismühle verarbeitet werden, die allerdings noch nicht existiert. Bauen Sie also eine Mühle! Dazu klicken Sie am unteren Bildrand den Helm ❽ an. Dieser steht für den Modus **Bauen**.

Durch Anklicken des Helms wechseln Sie in den Baumodus.

8. Im folgenden Dialog klicken Sie auf das Mühlensymbol ❾. Dieses steht für Weiterverarbeitung. Eine andere Alternative wäre an dieser Stelle der Bau von Wohnhäusern. Klicken Sie auf den Warenkorb ❿, um die Mühle zu kaufen bzw. in Auftrag zu geben. Für den Kauf von Gebäuden bzw. Gegenständen wird im Spiel eine virtuelle Währung eingesetzt. Diese können Sie später durch Ernte oder Handel verdienen. Zu Beginn des Spiels ist Ihre Kasse allerdings schon ein wenig mit Startkapital gefüllt.

Den eigenen Bauernhof managen

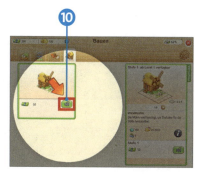

Ihr erstes Gebäude ist eine Maismühle.

9. Platzieren Sie die neue Mühle nun per Maus an den Platz, den Ihnen die junge Dame aus dem Tutorial vorgibt.

Verschieben Sie die Mühle mit der Maus, indem Sie die linke Maustaste gedrückt halten. Steht die Mühle richtig, dann färbt sich der Platz grün, und Sie können die Maustaste loslassen.

10. Nach einiger Zeit ist die Mühle fertig. Sie benötigt nun lediglich Arbeiter, die für den Betrieb sorgen. Einige Arbeiter laufen auch bereits im Umfeld der Mühle herum. Klicken Sie dazu die Mühle an, und die Arbeiter wandern in die Mühle und werden eingestellt. Die Mühle wird jetzt ihren Betrieb aufnehmen.

Stellen Sie nun Arbeiter ein, indem Sie auf die Mühle klicken.

11. Nun muss der Mühle noch mitgeteilt werden, was zu produzieren ist. Dazu klicken Sie erneut die Mühle an und wählen im auftauchenden Ringmenü den Punkt **Produzieren** ⑪ (erkennbar am Hammersymbol). In dieser frühen Phase des Spiels kann die Mühle lediglich Hühnerfutter produzieren. Leiten Sie ihre Produktion ein, indem Sie auf das Hammersymbol bei **Hühnerfutter** ⑫ klicken.

Kapitel 13: Große Dinge bewegen – Simulationsspiele

Die Wildblumen können per Klick geerntet werden.

12. Während Ihre Mühle nun fleißig Hühnerfutter produziert, sollten Sie sich noch einmal Ihrem Acker widmen. Siehe da, die vorhin gesäten Wildblumen sind schon prächtig gediehen. Zeit, diese zu ernten! Das kennen Sie ja bereits aus Schritt 4.

13. Folgen Sie nun einfach den weiteren Schritten des Tutorials, um einen Eindruck darüber zu erhalten, welche Möglichkeiten Ihnen zum Management Ihres Bauernhofs zur Verfügung stehen. In der Farmverwaltung können Sie beispielsweise Ihre Käufe und Verkäufe organisieren. So lassen sich hier auch die soeben gesammelten Wildblumen verkaufen. Klicken Sie diese dazu in der Übersicht an und anschließend auf das Symbol der Kasse ⓭.

In der Farmverwaltung tätigen Sie virtuelle Käufe und Verkäufe. Der Warenkorb steht für den Einkauf, das Symbol der Registrierkasse für den Verkauf.

Den eigenen Bauernhof managen

14. Nachdem Sie das Tutorial erfolgreich absolviert haben, steigen Sie ein Level in der Spielhierarchie auf. Versuchen Sie nun weiter, Ihren Bauernhof auf die Profitstraße zu bringen! Achten Sie dabei stets darauf, welche neuen Aufgaben am linken Rand des Spielfelds hinter dem Ausrufezeichen auf Sie warten.

Über dem Aufgabenbereich am linken Rand erfahren Sie, welche Dinge als Nächstes zu erledigen sind.

Die Jugend liebt den LS ...

LS – das Kürzel steht für den *Landwirtschaftssimulator* des jeweils aktuellen Jahrgangs, also z. B. LS 2018, 2019 etc. Schauen Sie doch einmal den (Enkel-)Kindern dabei über die Schulter, und erfahren Sie, dass einiges dazugehört, um eine richtig komplexe Landwirtschaftssimulation zu spielen.

Kapitel 13: Große Dinge bewegen – Simulationsspiele

Die eigene Lokomotive steuern

Sie hatten als Kind auch eine Modelleisenbahn? Dann werden Sie staunen, was sich in diesem Bereich so alles getan hat. Steigen Sie ein, und begeben Sie sich auf die Gleise, die für manchen die Welt bedeuten.

Train Go

Das Spiel steht kostenlos in den App Stores zur Verfügung und kann wie immer durch In-App-Bezahlung aufgewertet werden.

1. Begeben Sie sich in den App Store Ihres Mobilgeräts, und suchen Sie die App *Train Go Zugsimulator*. Das Spiel ist zunächst kostenlos, kann aber per In-App Bezahlung aufgewertet bzw. von Werbung befreit werden.

2. Starten Sie die App durch Antippen des App-Symbols. Berühren Sie im Begrüßungsbild die Play-Schaltfläche ❶. Sie werden nun in Form eines kleinen Tutorials in die wichtigsten Aktionen des Spiels eingeführt. Tippen Sie dazu nach jedem erläuternden Einführungsdialog auf die Schaltfläche mit dem Haken ❷.

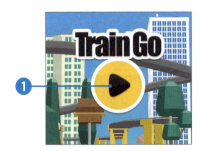

3. Zunächst erfahren Sie, wie man Schienen verlegt. Dazu tippen Sie zunächst auf das blaue kreisförmige Symbol ❸ am Ende eines Schienenstrangs. Nun erscheint ein gelber Pfeil ❹, der mögliche Verlegungsrichtungen anzeigt. Tippen Sie auf den Pfeil, und das Schienensegment wird verlegt.

Die eigene Lokomotive steuern

4. Schließen Sie auf diese Weise den ersten Schienenkreis. Nun können Sie bereits einen Zug darauf fahren lassen. Dazu tippen Sie einfach auf einen geraden Streckenabschnitt 5. Wählen Sie in dem nun erscheinenden Dialogfeld die Schaltfläche **Zug** 6 aus. Im nächsten Menü sehen Sie dann die Züge, die Ihnen für eine Testfahrt zur Verfügung stehen. Das ist im Tutorial lediglich einer. Tippen Sie diesen 7 an.

227

Kapitel 13: Große Dinge bewegen – Simulationsspiele

5. Im folgenden Dialog können Sie die Fahrtrichtung des Zugs sowie die Anzahl der Waggons wählen. Im Tutorial erscheinen diese Optionen noch ausgegraut, d. h. nicht anwählbar. Tippen Sie daher auf den blauen Haken ❽.

6. Nun starten Sie die Reise des Zugs, indem Sie einfach die Play-Taste ❾ am rechten oberen Bildrand antippen. Dadurch startet der Zug. Die Ansicht auf die Strecke können Sie mithilfe des Joysticksymbols ❿ am unteren rechten Bildrand verändern.

Die eigene Lokomotive steuern

7. Wirklich spektakulär und nicht mit einer üblichen Modelleisenbahn zu vergleichen ist aber die Möglichkeit, die Ansicht so zu ändern, dass Sie selbst im Führerhaus des Zugs sitzen. Tippen Sie dazu auf die Schaltfläche **View** ⑪ am linken oberen Bildrand. Sie verlassen diese Ansicht wieder, indem Sie auf die **X**-Schaltfläche klicken, die an dieser Stelle erscheint.

Setzen Sie sich in das Führerhaus des Zugs, und genießen Sie die Fahrt. Dabei lässt sich die Blickrichtung durch eine Wischbewegung über dem Display ändern.

8. Stoppen Sie nun den Zug durch Antippen der Stopp-Schaltfläche ⑫. Damit hätten Sie das kleine Tutorial beendet.

Konstruieren Sie Ihre eigene Strecke, und fahren Sie durch die selbst gestaltete Landschaft! Selbst erstellte Strecken lassen sich über das Menü speichern ②.

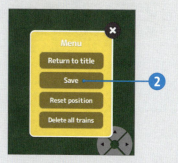

Und wie geht es nun weiter? Begeben Sie sich zurück in das Hauptmenü der App, und wählen Sie dort einen der vorgegebenen Kurse durch Antippen aus. Am besten beginnen Sie mit der einfachen grünen Fläche ① und verlegen die Schienen wie im Tutorial beschrieben selbst. Starten Sie schließlich mit dem Zug auf Ihrer selbst konstruierten Bahnstrecke! Über das Menü am oberen linken Bildrand (erkennbar an den drei waagerechten Strichen) lässt sich Ihre neue Strecke über den Menüpunkt **Save** (2 auf Seite 229) für die spätere Verwendung speichern.

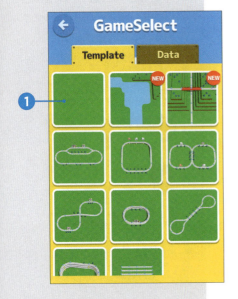 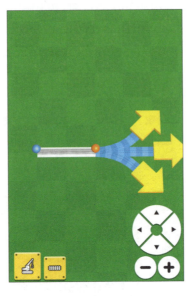 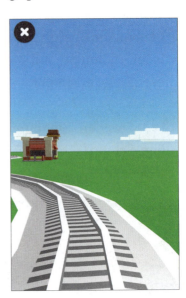

Designen Sie Ihre Strecke – per In-App-Bezahlung

Wenn Ihnen der Sinn nach Höherem steht, dann können Sie jederzeit zusätzliche schicke Gebäude und Züge über einen In-App-Kauf im Store erwerben. Klicken Sie dazu einfach im Hauptmenü auf den Punkt **Store**. Sogar der Eiffelturm ist hier dabei.

Der tierische Simulator – werden Sie zur Ziege!

Vergessen Sie komplizierte Flug- oder LKW-Simulatoren! Haben Sie Lust auf etwas völlig Abwegiges? Wie wäre es, wenn Sie die Welt einmal aus den Augen einer Ziege betrachten? Nun, der *Goat Simulator* macht's möglich.

Der tierische Simulator – werden Sie zur Ziege

1. Suchen Sie im App Store Ihres Mobilgeräts nach dem *Goat Simulator* von *Coffee Stain Publishing*. Kaufen Sie das Spiel (es kostet 4,99 €), und installieren Sie es.

2. Starten Sie die App durch Antippen des App-Symbols. Bestätigen Sie die eingeforderten Rechte sowie die allgemeinen Geschäftsbedingungen.

Der Goat Simulator ist im App Store für 4,99 € erhältlich.

3. Tippen Sie nun im Startbild auf die Play-Schaltfläche ❶. Es geht gleich ohne Vorwarnung bzw. Tutorials los. Sie steuern eine Ziege durch eine nett aufgemachte Kleinstadt und müssen verschiedene Aufgaben absolvieren. Dazu stehen Ihnen die folgenden Steuerelemente zur Verfügung:

Kapitel 13: Große Dinge bewegen – Simulationsspiele

2 **Steuerkreis**: Damit bewegen Sie die Ziege und ändern die Perspektive. Legen Sie Ihren linken Daumen auf den Kreis, und bewegen Sie diesen hin und her, um sich mit der Steuerung vertraut zu machen.

3 **Schlafen**: Die Ziege genehmigt sich bei Betätigung dieser Schaltfläche ein Nickerchen.

4 **Bockstoß**: Die Ziege rennt gegen ein Hindernis oder einen unliebsamen Zeitgenossen.

5 **Springen**: Die Ziege führt einen Sprung durch.

6 **Zunge ausfahren**: Damit kann die Ziege entfernte Gegenstände angeln.

4. Auf geht's zur ersten Aufgabe. Diese finden Sie am rechten oberen Bildrand beschrieben. Sie lautet: »Springe über ein Hindernis«. Da kommt uns der Baumstamm über den Kisten doch gerade recht. Steuern Sie die Ziege mit dem Steuerkreis **7**, und drücken Sie kurz vor Erreichen des Stamms die Sprungtaste **8**. Die Ziege hüpft nun elegant darüber.

Das erste Problem wird gelöst: Die Ziege springt über den Stamm.

5. Weiter geht's mit dem nächsten Job für die Ziege: Sie soll alle goldenen Ziegentrophäen in der fiktiven Kleinstadt aufspüren. Die erste Trophäe ist bereits auf dem Areal

versteckt. Drehen Sie die Ziege mithilfe des Steuerkreises um, und klettern Sie mit ihr den Steg hoch. Dort finden Sie die erste Trophäe.

Hurra! Die erste Trophäe haben Sie entdeckt. Jetzt rasch hoch auf den Steg!

6. Um die nächsten Trophäen zu finden, muss die Ziege den eingezäunten Garten verlassen. Das gelingt, indem Sie die Ziege über den Zaun springen lassen.

Die Ziege springt in die Freiheit. Hier sind irgendwo die weiteren Trophäen versteckt. Die Steuerung erfolgt immer über den Steuerkreis links unten.

7. Spüren Sie nun die restlichen Trophäen auf. Viele weitere Aufgaben erwarten Sie danach in Goat Ville.

Sie werden sehen, das Leben einer Ziege kann teilweise recht aufregend sein.

KAPITEL 14

Mit Weitblick – Strategie- und Aufbauspiele

Das Schachspielen ist Ihnen aufgrund des eng gesteckten Regelwerks zu profan, ja geradezu eindimensional, Sie haben in Ihrer Jugend gern *Stratego* gespielt und immer schon davon geträumt, ein echter Feldherr zu sein? Oder Sie lieben es umgekehrt, Dinge mit Perspektive aufzubauen, Sie wären gern der Bauherr eines großen städtischen Projekts ... Dann sind Strategie- und Aufbauspiele genau Ihr Thema! Lernen Sie auf Ihren Kreuzzügen fremde Kulturen kennen, und bauen Sie Städte, ja Imperien auf – und das in fantastischer Optik.

»Strategie ist, wenn man keine Munition mehr hat, aber trotzdem weiterschießt, damit der Feind davon nichts merkt.«
Unbekannter Autor

Ein Imperium aufbauen – Age of Empires

Zugegeben – *Age of Empires* ist nicht gerade brandneu. Dennoch fasziniert das Spielprinzip auch heute noch – das Spiel ist quasi der Urvater aller digitalen Strategiespiele. Ihre Aufgabe bei diesem Spiel ist es, ein Imperium zu errichten. Das Spiel ist in der ersten Edition in der Zeit vor dem Römischen Reich angesiedelt, bei den späteren Teilen stehen der Aufstieg Roms bzw. das Mittelalter im Fokus. Da das Spiel schon recht betagt ist, können Sie es günstig auf der Spieleplattform *Steam* erwerben. Wir schauen uns

Der Vorteil älterer Spiele besteht darin, dass sie günstig erhältlich sind und obendrein auch noch auf älteren Computern laufen.

nachfolgend einmal die günstige Version *Age of Empires II – HD Edition* an. Dieses Spiel gibt es allerdings ausschließlich für Windows.

> **Echtzeit-Strategiespiele**
>
> Die Idee, die hinter dieser Spielegattung steckt, ist, dass der Spieler Gebäude errichtet und Schlachten führt, bei denen die Aktionen unmittelbar ausgeführt werden. Wenn Sie beispielsweise den Aufbau eines Gebäudes in Auftrag geben, wird dieser sofort gestartet, und Sie können sich einer anderen Aufgabe widmen, da der Bau im Hintergrund auch ohne Ihr Eingreifen vonstattengeht. Sie können z. B. parallel Arbeiter zum Holzfällen in den Wald oder zum Goldschürfen schicken, aber auch die Angriffe feindlicher Soldaten abwehren. Das Spiel entwickelt dadurch auf dem Bildschirm sozusagen ein Eigenleben.

Sie können auch auf eBay oder Amazon Ausschau nach einer CD-/DVD-Version des Spiels halten. Auch im Microsoft Store unter Windows 10 finden Sie eine neue Version, die *Definitive Edition*. Sie ist zum 20-jährigen Jubiläum des Spiels erschienen. Die Spielweise ist der hier vorgestellten Variante des Spiels sehr ähnlich.

1. Begeben Sie sich auf die Steam-Plattform auf *https://store.steampowered.com*, und loggen Sie sich dort mit Ihrem Konto ein (siehe dazu die Anleitung ab Seite 27). Suchen Sie das Spiel Age of Empires II – HD Edition, und kaufen Sie es. Das Spiel kostet aktuell 19,99 €.

2. Nach dem Kauf wird es automatisch installiert. Starten Sie das Spiel entweder aus Steam heraus oder über das Windows-Startmenü. In der Regel finden Sie auch ein Icon des Spiels auf dem Desktop vor, mit dessen Hilfe Sie das Spiel starten können.

3. Sie landen nach dem Start des Spiels im Steam-Startmenü des Spiels. Klicken Sie hier auf die Schaltfläche **Play** ❶. Dadurch wird erst das eigentliche Spiel gestartet.

Ein Imperium aufbauen – Age of Empires

4. Es erscheint nun ein weiterer Dialog mit dem Namen **Bestätige Abos**. Hier sollte der Punkt **Abonniert: hostsetting** ❷ grün markiert erscheinen.

Bestätigen Sie den Dialog mit **Okay** ❸. Nun landen Sie nach einem Intro endlich im Hauptmenü des Spiels.

Das Intro können Sie durch Anklicken des Bildschirms mit der Maus überspringen.

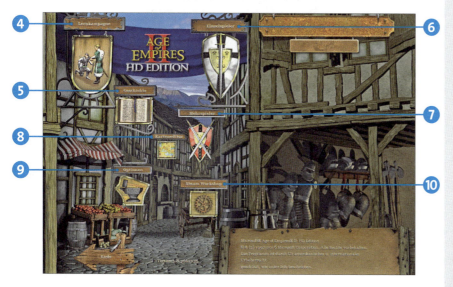

Das Hauptmenü von Age of Empires mit sieben Teilbereichen

Interessante Hintergrundinformationen zum Spiel erhalten Sie im Bereich **Geschichte**.

Folgende Bereiche können hier angewählt werden:

- ④ **Lernkampagne**: ein Tutorial zur Spiel-Einführung
- ⑤ **Geschichte**: Hier erfahren Sie einiges zum geschichtlichen Hintergrund des Spiels bzw. den darin auftauchenden Kulturen.
- ⑥ **Einzelspieler**: Begeben Sie sich als Einzelspieler in den Kampf.
- ⑦ **Mehrspieler**: Spielen Sie über ein Computernetzwerk (z. B. das Internet) gegen andere Spieler.
- ⑧ **Karteneditor**: Als erfahrener Spieler können Sie hier Ihre eigenen Level erstellen.
- ⑨ **Optionen**: Ebenfalls für Fortgeschrittene: Hier passen Sie den Spielernamen an sowie die grafische Darstellung und die musikalische Untermalung.
- ⑩ **Steam Workshop**: spezielle Optionen für Nutzer der Steam-Plattform, nur interessant für Fortgeschrittene

Als Einsteiger schauen wir uns natürlich zunächst einmal die Lernkampagne an, bei der Sie erfahren, welche Handlungsmöglichkeiten Sie in dem Spiel haben. Klicken Sie dazu auf den Menüpunkt **Lernkampagne**. Sie landen im ersten Kapitel des Spiels namens *William Wallace*.

Die einzelnen Lektionen werden durch Anklicken der Schwertsymbole ausgewählt.

Ein Imperium aufbauen – Age of Empires

1. Auf dem Bildschirm sehen Sie nun eine Landkarte, auf der sieben Lernfelder mithilfe von Schwertern markiert sind. Diese gehen wir nun nacheinander durch. Wir beginnen mit der ersten Lektion **Marschieren und Kämpfen**. Klicken Sie mit der Maus auf das entsprechende Schwert ❶. Es erscheint ein Bildschirm, auf den Sie noch einmal klicken müssen. Nun wird Ihnen der geschichtliche Hintergrund des Spiels erläutert. Klicken Sie, nachdem Sie eine Seite gelesen haben, erneut auf den Bildschirm.

2. Ihre erste Aufgabe besteht darin, eine schottische Ortschaft mit einem Kämpfer zu erreichen. Dazu erhalten Sie stets Hinweise ❷ über Dialogfelder. Bestätigen Sie die Dialogfelder mittels **OK** ❸.

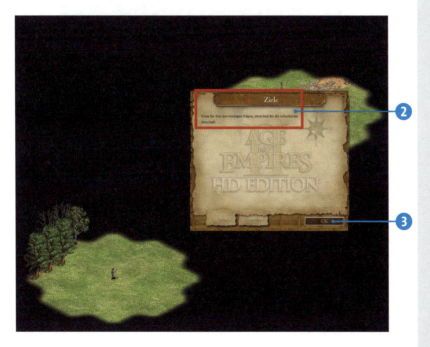

3. Bewegen Sie den Mauszeiger in Richtung der dunklen Bereiche. Dadurch offenbaren sich weitere Details der

Durch die Bewegung der Maus sowie die Fortbewegung der Figuren wird die Karte entblättert.

Kapitel 14: Mit Weitblick – Strategie- und Aufbauspiele

schwarz gefärbten Karte. Der Entdecker entdeckt also im wahrsten Sinne des Wortes die Landschaft.

4. Um den kleinen blauen Soldaten zu bewegen, klicken Sie diesen zunächst an ❹. Er ist nun sichtbar mit einem weißen Bodenkreis markiert. Über dem Soldaten erscheint ein grüner Balken ❺, der seine Vitalität angibt. Bei Kämpfen kann sich der Balken rot färben, bis der entsprechende Kämpfer schließlich einen Heldentod stirbt.

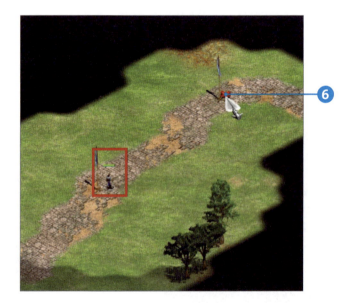

Linksklick: Soldat markieren
Rechtsklick: Soldat marschiert zu angeklickter Stelle.

5. Um den (markierten) Soldaten zu bewegen, klicken Sie einfach mit der rechten Maustaste an die Stelle, auf die sich der Soldat zubewegen soll. Das ist in der gezeigten Szene ein Fahnenmast ❻. Die Wegstrecke ist durch weitere Fahnen markiert. Laufen Sie mit Ihrem Soldaten von Fahne zu Fahne.

6. Sie treffen schließlich auf einen roten englischen Außenposten, der die Straße kontrolliert. Klicken Sie auf den Posten, um nähere Informationen zu erhalten. Diese erscheinen am unteren Bildrand links. Auf Ihrem Weg sind Sie an einigen Soldaten Ihres Stammes (Kelten) vorbeigekommen. Diese sammeln Sie unterwegs mit einem linken Mausklick ein. Bei mehreren Soldaten halten Sie dabei die linke Maustaste gedrückt und ziehen das sich nun öffnende Rechteck um alle Soldaten.

7. Führen Sie die Soldaten per rechtem Mausklick zu Ihrem Krieger, und ziehen Sie erneut ein Rechteck auf, um alle Soldaten inklusive Ihres eigenen Kriegers zu markieren. Sie haben jetzt eine kleine schlagkräftige Einheit zusammengestellt, um den englischen Außenposten anzugreifen. Klicken Sie mit der Maus (rechte Taste) auf den Außenposten, um diesen anzugreifen. Nach kurzer Zeit sollte er zerstört sein.

8. Begeben Sie sich nun mit Ihrer Truppe ins Dorf. Ziehen Sie dazu erneut mit der Maus ein Rechteck um alle Soldaten, und bewegen Sie sich durch Klicken mit der rechten Maustaste ins Dorf. Kurze Zeit später werden Sie von einer kleinen englischen Einheit angegriffen. Markieren Sie alle Ihre Soldaten, und greifen Sie die Engländer per Mausklick an. Alle Aktionen sowie die nächsten Schritte, die durchzuführen sind, werden stets von einem Sprecher per Audioausgabe kommentiert.

9. Nach kurzer Zeit sind die Engländer besiegt. Dadurch ist das Kapitel abgeschlossen. Sie haben in der gleichnamigen Lektion **Marschieren und Kämpfen** gelernt. Sie können nun die Szene verlassen.

Markieren Sie die Soldaten, die Sie zum Angriff benötigen, und greifen Sie den Außenposten durch einen Rechtsklick an!

Grundlegende Regeln zum Marschieren und Kämpfen:
Linker Mausklick: Soldat markieren
Ziehen mit der linken Maustaste: Gruppe markieren
Rechter Mausklick: marschieren oder angreifen

Kapitel 14: Mit Weitblick – Strategie- und Aufbauspiele

Durch Anklicken des rechten Symbols wechseln Sie in das Menü.

10. Klicken Sie dazu am oberen rechten Bildrand auf das Symbol ganz rechts ❼. Dadurch öffnet sich das Spielemenü. Hier können Sie u. a. auch Spielstände zwischenspeichern und später bei Bedarf laden. An dieser Stelle entscheiden wir uns aber für den Menüpunkt **Laufendes Spiel beenden** ❽.

Die Spielstände werden auch automatisch gespeichert.

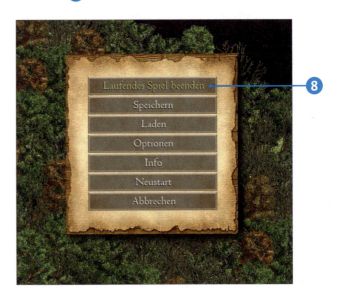

Ihre absolvierte Lektion erscheint nun in der Übersichtskarte ausgegraut. Spielen Sie nun sämtliche anderen Lektionen des Tutorials durch. Dadurch erwerben Sie solide Grundkenntnisse, um das Spiel dann später in eigenen Kampagnen fortsetzen zu können. Im Tutorial lernen Sie ausführlich noch folgende Bereiche kennen:

Die Versorgung des Heeres: In diesem Teil geht es darum, Nahrungsmittel, Rohstoffe und Gold zu sammeln bzw. abzubauen. Dazu klicken Sie einen der Landarbeiter mit der linken Maustaste an und weisen ihm per rechter Maustaste einen Arbeitsplatz zu.

Gut gemacht! Sie haben die erste Lektion erfolgreich beendet.

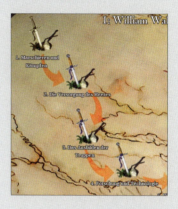

Sammeln Sie Nahrungsmittel, bauen Sie Gold ab, und hacken Sie Holz, um Ihre Bevölkerung mit Rohstoffen zu versorgen.

Das Ausbilden der Truppen: Hier lernen Sie, wie man Milizsoldaten ausbildet, um ein schlagkräftiges Heer aufzubauen. Zunächst werden dabei neue Dorfbewohner über das Dorfzentrum erzeugt. Für diese werden Häuser benötigt, die nun ebenfalls nach der Anleitung des Tutorials zu bauen sind. Schließlich errichten Sie eine Kaserne, in der Sie die Soldaten ausbilden.

Bauen Sie eine Kaserne auf, und bilden Sie dort Soldaten aus.

Kapitel 14: Mit Weitblick – Strategie- und Aufbauspiele

Um gegen den Feind bestehen zu können, müssen Sie Ihr Volk weiterentwickeln.

Forschung und Technologie: Durch die technologische Entwicklung müssen Sie hier in die Feudalzeit voranschreiten, um dem mächtigen englischen Heer die Stirn bieten zu können. Das erreichen Sie beispielsweise dadurch, dass Sie auf das Dorfzentrum klicken und dort einen Webstuhl entwickeln. Um schließlich zur Feudalzeit voranschreiten zu können, müssen Sie zudem notwendige Ressourcen (Gold, Holz und Nahrung) beschaffen sowie eine Mühle bauen. Nachdem Sie die Feudalzeit erreicht haben, können Sie die Engländer leicht besiegen: Sie sind ihnen technisch überlegen, z. B. dadurch, dass Ihre Soldaten nun über bessere Waffen und Rüstungen verfügen.

Die Schlacht von Stirling: Hier führen Sie Ihre erste große Schlacht. Dazu muss u. a. ein Stützpunkt errichtet und der Turm der englischen Armee zerstört werden.

Ein Bündnis eingehen: Verbünden Sie sich mit anderen Heeren, um Ihre Schlagkraft zu stärken! Dazu sind u. a. drei Reliquien zu erobern und im Kloster aufzustellen. Dadurch stimmen Sie die Kirchenoberen milde, sodass diese Ihnen ihre Unterstützung anbieten.

Die Schlacht von Falkirk: Das ist die finale Schlacht des Tutorials. Die Hauptaufgabe besteht darin, eine eigene Burg zu errichten und die englische Burg zu zerstören. Wenn Sie dies erfolgreich gemeistert haben, dann sind Sie in der Lage, das Spiel von Grund auf in einer Einzelkampagne zu starten.

Beginnen Sie ein neues Spiel als Einzelspieler! Sie fangen dort beim Aufbau Ihres Volks bei »null« an – d. h. in der Steinzeit.

Begeben Sie sich ins Hauptmenü, und klicken Sie auf den Menüpunkt **Einzelspieler** ❶ und anschließend auf **Standardspiel** ❷, um eine Einzelkampagne zu starten.

Ein Imperium aufbauen – Age of Empires

Im erscheinenden Dialog passen Sie dabei zunächst den Schwierigkeitsgrad an und legen die Anzahl der Gegner fest. Beenden Sie den Auswahldialog über die Schaltfläche **Spiel starten**. Sie kämpfen nun gegen den Computer. Entwickeln Sie Ihre Nation weiter, und trotzen Sie dem mächtigen Gegner!

> **Was ist ein MMOG?**
>
> Die Abkürzung steht für *Massively Multiplayer Online Game*. Übersetzt heißt das in etwa, dass es sich um eine virtuelle Spieleplattform in Internet handelt, auf der viele reale, aber auch computergenerierte Spieler unterwegs sind. Die meisten derartigen Spiele sind *free to play*, d. h., Sie müssen nichts dafür bezahlen. Die Anbieter derartiger Spiele verdienen aber dennoch recht gut, und zwar dadurch, dass die meisten Spieler ihre Karriere gern beschleunigen möchten und dafür in virtuelles Gold bzw. Diamanten investieren, die es leider nur gegen reale Währung (sprich: Euro) gibt.

Kapitel 14: Mit Weitblick – Strategie- und Aufbauspiele

Von der Steinzeit in die Zukunft – Forge of Empires

Forge of Empires ist eine neuzeitliche Adaptation von Age of Empires. Sie können es auch auf Ihrem Smartphone (iPhone oder Android) spielen. Dazu laden Sie die gleichnamige App aus dem jeweiligen App Store und melden sich nach dem Start der App mit Ihren Kontodaten (siehe Schritt 1) an.

Sie haben sich im letzten Abschnitt mit dem Urvater der Aufbau- und Strategiespiele angefreundet und sind nun auf der Suche nach neuen Herausforderungen? Dann sollten Sie sich einmal *Forge of Empires* näher ansehen. Hier springen Sie sozusagen durch die Zeitgeschichte der Menschheit und noch ein Stückchen weiter bis in die Zukunft!

1. Begeben Sie sich per Browser auf die Seite *https://de.forgeofempires.com*, und wählen Sie dort im Begrüßungsdialog einen Benutzernamen sowie ein Passwort. Dadurch erstellen Sie Ihr persönliches Konto für das Spiel. Sie können (falls vorhanden) zur Anmeldung auch Ihr Google -oder Facebook-Konto verwenden.

2. Klicken Sie nun auf die Schaltfläche **Jetzt spielen** ❶. Zukünftig melden Sie sich an dieser Stelle durch Eingabe der Zugangsdaten am oberen rechten Bildrand ❷ an.

3. Sie werden nun durch einen Begrüßungsdialog geführt, der Ihnen die wichtigsten Elemente des Spiels erläutert. Springen Sie von Dialogfenster zu Dialogfenster mit der Schaltfläche **Weiter** ❸.

4. Nach dem Einstieg erläutert Ihnen ein Herr namens Ragu Silvertongue die ersten Schritte. Klicken Sie im ersten Dialog auf **OK**. Zunächst beginnen Sie damit, ein Gebäude zu errichten. Dazu steht Ihnen der Werkzeugkasten am linken unteren Bildrand zur Verfügung. Klicken Sie hier auf das Hammersymbol ❹.

5. Klicken Sie in dem sich nun öffnenden **Bau-Menü** auf **Errichten** ❺, und wählen Sie durch Verschieben der Maus einen Platz, an dem die neue Hütte errichtet werden soll.

Kapitel 14: Mit Weitblick – Strategie- und Aufbauspiele

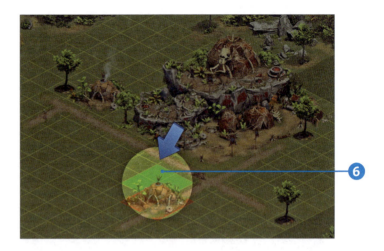

Ein grünes Viereck ❻ zeigt Ihnen an, wo die Hütte am besten zu platzieren ist. Idealerweise werden Gebäude stets an einem Weg gebaut. Klicken Sie auf die grün markierte Stelle. Nach einer kurzen Zeit ist das neue Gebäude fertig errichtet. Sie erkennen nun am oberen Bildrand, dass sich durch den Bau der neuen Hütte die Bevölkerungszahl erhöht hat.

Durch den Bau von Hütten erhöht sich die Bevölkerung.

Die Münzen landen im Münzstapel am oberen rechten Bildrand.

6. Gebäude haben außer der Steigerung der Bevölkerungszahl noch einen weiteren Vorteil: Durch die darin lebende Bevölkerung wird auch Geld erwirtschaftet. Um dieses einzusammeln, klicken Sie einfach die Hütte an, wenn darüber ein Münzstapel ❼ erscheint.

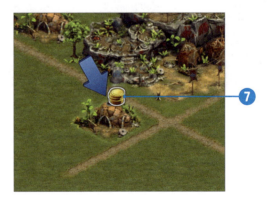

7. Nun gilt es, eine Produktionsstätte für die Vorräte – die zweite wichtige Ressource im Spiel – anzulegen. Klicken Sie dazu erneut auf das Hammersymbol am linken unteren Bildrand (siehe Schritt 4 auf Seite 247). Wählen Sie aus dem aufklappenden Menü das Hammersymbol aus. Hier klicken Sie nun auf **Jagdlager** ❽, anschließend auf **Errichten** ❾ und platzieren das Lager, wie oben bereits bei der Hütte geschehen, auf einer vorgegebenen Stelle auf dem Spielfeld.

Ein Jagdlager wird errichtet.

8. Beim ersten Versuch, das Jagdlager zu platzieren, hat der Spieleassistent bewusst einen falschen Platz ausgewählt. Das Gebäude liegt nicht an einem Weg und kann somit durch die fehlende Infrastruktur nicht fertig gebaut werden. Das können Sie aber leicht dadurch beheben, dass Sie sich erneut in das Bau-Menü begeben, die Verschiebeschaltfläche ❿ anklicken und das Gebäude nun an einem Weg positionieren.

Verschieben Sie Ihre Gebäude, falls diese nicht an einen Weg angrenzen.

9. Nachdem das Jagdlager nun korrekt platziert und fertig gebaut wurde, klicken Sie es einfach an und erhalten dadurch eine Trophäe. Diese füllt Ihre Vorräte um 7 Einheiten auf, wenn Sie im anschließenden Dialog auf **Produzieren** ⓫ klicken. Die Produktion verläuft nun im Hintergrund, und Sie werden durch ein Symbol über der Hütte benachrichtigt, wenn die Produktion beendet ist.

Kapitel 14: Mit Weitblick – Strategie- und Aufbauspiele

Das Symbol der Erlenmeyerkolben finden Sie im Werkzeug-Kasten.

10. Im nächsten Teil des Tutorials wird Ihnen gezeigt, wie Sie einen wichtigen immateriellen Rohstoff vorantreiben: das Wissen, das durch Forschung erworben wird. Klicken Sie dazu auf das Symbol mit den beiden chemischen Gefäßen ⓬ (für Fachleute: die Erlenmeyerkolben). Um die Forschung voranzutreiben, werden sog. *Forge*-Punkte benötigt, die Sie in diesem Bereich am oberen Bildrand einsehen können. Im ersten Schritt können Sie zunächst einmal die Bautechnik verbessern, indem Sie Pfahlbauten einsetzen. Klicken Sie dazu auf **3 Punkte benutzen** ⓭.

Setzen Sie Ihre Forge-Punkte zur Entwicklung der Technologie ein. Diese erwerben Sie im Laufe des Spiels, wenn Sie bestimmte Aufgaben (*Quests*) erledigen.

11. Bestätigen Sie Ihren Fortschritt mit **OK** ⓮. Herzlichen Glückwunsch! Sie sind nun aus der Steinzeit in die Bronzezeit aufgestiegen. Dadurch erhalten Sie eine Belohnung in Form einer Schatztruhe, die Sie durch **Öffnen** ⓯ an sich nehmen.

12. Begeben Sie sich durch Anklicken der Schaltfläche **Zurück zur Stadt** wieder dorthin. Hier hat nun die Bronzezeit Einzug gehalten, was Sie an einem Feuerwerk über der kleinen Stadt erkennen.

Sie haben den ersten Epochenwechsel erfolgreich herbeigeführt. Folgen Sie den weiteren Anweisungen im Tutorial, um alle Elemente des Spiels kennenzulernen. Wenn Sie sich im vorigen Abschnitt ausführlich mit Age of Empires beschäftigt haben, dann werden Ihnen viele Dinge im Spielfluss bekannt vorkommen. Einige weitere Aufgaben, die nun zu absolvieren sind:

- Bauen von dekorativen Elementen für die Stadt, um die Bevölkerung glücklich zu machen und dadurch die Produktivität zu steigern.
- Einen ersten Pfahlbau errichten. Das ist ein sog. *Quest* (Aufgabe), für den man Diamanten erhält.
- Mithilfe der Diamanten lässt sich nun ein Langbauhaus errichten.
- Begeben Sie sich anschließend mit Unterstützung eines Generals auf Ihren ersten Kriegszug gegen Barbarenhor-

Englisch *Quest* bedeutet »Aufgabe«.

Kapitel 14: Mit Weitblick – Strategie- und Aufbauspiele

den. Dadurch entdecken Sie wesentliche Prinzipien der Kriegsführung im Spiel.

Die Quests, die am linken Bildrand auftauchen, bringen Sie weiter im Spielfortschritt.

Ein General führt Sie im weiteren Verlauf des Tutorials in die Kunst der Kriegsführung ein. Hier befehligen Sie dann Ihre Truppen auf einem Schlachtfeld, das aus Sechsecken besteht.

Das Spiel auf dem Tablet bzw. Smartphone spielen

Wie oben bereits erwähnt: Forge of Empires können Sie auch auf Ihrem Tablet oder Smartphone spielen. Es gibt eine entsprechende Version für Android und iOS. Das Tolle dabei ist, dass Sie ein im Browser begonnenes Spiel auf dem Mobilgerät fortsetzen können und umgekehrt. Das ist gerade dann praktisch, wenn Sie unterwegs einmal nachschauen möchten, welche Fortschritte die Produktion Ihrer Ressourcen macht. Die Oberfläche wird Ihnen sicher bekannt vorkommen.

Voll das Leben – »Die Sims«

Kommen wir schließlich zu einer ganz anderen Art des Aufbauspiels. Bei dem überaus beliebten Spiel *Die Sims* geht es darum, einen Haushalt zu gründen und dessen Mitglieder durchs Leben zu begleiten. Wenn Sie Freude am »Was-wäre-wenn« haben, könnte das Ihr Spiel sein. Ich stelle Ihnen nachfolgend die aktuelle Mobilversion *Die Sims 4/FreePlay* vor. Entsprechende (allerdings bedeutend teurere) Versionen gibt es auch für PCs oder Spielekonsolen. Das Spielprinzip ist identisch.

> Die Sims können – wie der Name bereits andeutet – durchaus auch den Simulationsspielen zugezählt werden. Manchmal sind die Grenzen zwischen den Spielegattungen fließend.

1. Begeben Sie sich in den App Store Ihres Mobilbetriebssystems, und suchen Sie dort nach der App »Die Sims FreePlay«. Installieren Sie die App. Das Spiel ist kostenlos, kann aber jederzeit per In-App-Bezahlung aufgewertet werden – z. B. um die im Spiel begehrten Lebenspunkte aufzustocken. Durch diese lässt sich die Entwicklung der Charaktere beschleunigen.

> **ACHTUNG**
> Das Spiel taucht im App-Menü nur unter dem Namen *FreePlay* auf.

2. Starten Sie die App durch Antippen des Symbols **FreePlay** in der Übersicht. Nach dem Start wird noch einmal ein recht großes Datenpaket heruntergeladen. Im ersten Dialog müssen Sie zunächst Ihr Alter angeben.

FreePlay

Kapitel 14: Mit Weitblick – Strategie- und Aufbauspiele

Bestätigen Sie die Eingabe anschließend per **Weiter**. Nun bestätigen Sie noch die Endbenutzervereinbarung und die geforderten Rechte. Schließlich landen Sie auf dem Startbildschirm des Spiels. Tippen Sie hier auf die Schaltfläche **Neues Spiel starten** ❶.

Die Kunstfiguren im Spiel heißen *Sims*.

3. Eine Eingangssequenz führt Sie in eine wunderschön animierte Stadt. Hier beginnt ein Tutorial, das Ihnen helfen soll, die wichtigsten Aktionen im Spiel kennenzulernen. Ihre erste Aufgabe im Tutorial besteht darin, einen Sim (das ist eine der Figuren des Spiels) in ein Haus einziehen zu lassen. Tippen Sie dazu auf das entsprechende animierte Symbol ❷ über dem Haus.

4. Passen Sie die Sim-Figur, die nun auf dem Display erscheint, Ihren persönlichen Vorstellungen an. Sie können einen weiblichen oder männlichen Sim erstellen. Die vorgegebenen Namen lassen sich natürlich auch ändern. Wenn Sie keine Lust auf eine individuelle Konfiguration haben, dann können Sie auch auf die Schaltfläche **Zufallssim erstellen** 3 tippen.

5. Durch Antippen des linken Reiters 4 lässt sich außerdem das äußere Erscheinungsbild, sprich Kleidung und Haare, anpassen.

6. Wenn Sie schließlich mit dem Aussehen Ihres Charakters zufrieden sind, bestätigen Sie die Gestalt durch Antippen der Check-Schaltfläche 5 am linken oberen Bildrand.

Kapitel 14: Mit Weitblick – Strategie- und Aufbauspiele

7. Sie werden nun gefragt, ob Sie ein Spiel mit dem soeben erstellten Sim starten möchten. Bestätigen Sie diese Nachfrage durch Anklicken der Schaltfläche **Ja** ❻.

8. Nun landen Sie im Inneren Ihres extra für Sie neu erbauten Sim-Hauses. Schwenken Sie zunächst einmal die

Kamera per Streichbewegung über dem Display von links nach rechts bzw. von oben nach unten, um sich ein wenig in der neuen Behausung umzusehen. Zoomen Sie per Fingergeste in die Szene hinein, indem Sie Daumen und Zeigefinger auf das Display legen und diese auseinanderziehen. Bewegen Sie die beiden Finger zusammen, um wieder aus der Szene herauszuzoomen.

Zunächst lernen Sie, wie Sie die Kameraperspektive ändern und die Szenen heranzoomen.

9. Im nächsten Schritt des Tutorials erfahren Sie, dass Ihre virtuelle Figur nur allzu menschliche Züge trägt: Der Sim muss zur Toilette. Leider befindet sich keine im Haus, ein grober Fehler des Architekten! Aber keine Angst, Sie können das Haus nachträglich damit ausstatten.

Kapitel 14: Mit Weitblick – Strategie- und Aufbauspiele

10. Tippen Sie zunächst auf das Dialogfenster und anschließend im sich wieder öffnenden Hauptfenster auf das Einrichtungssymbol ❼.

Sie landen dadurch im **Home Store**. Tippen Sie in der nun auftauchenden Übersicht auf **Badezimmer** ❽.

11. Immerhin – ein einfaches WC gibt es gratis ❾. Tippen Sie dieses an, und platzieren Sie es im Badezimmer.

> **ACHTUNG**
> Wählen Sie im Tutorial stets Dinge, die kostenlos sind. Sie werden Ihr Geld noch brauchen.

Dazu muss das Objekt per Vierfachpfeil ❿ an den richtigen Platz geschoben und per Drehpfeil ⓫ ausgerichtet werden. Bestätigen Sie die Installation über den Check-Pfeil ⓬. Dadurch wird die Montage der Toilette beendet, und Sie haben die erste Aufgabe im Tutorial erfolgreich abgeschlossen, was Ihnen auch mitgeteilt wird.

Mit dem Vierfachpfeil können Sie Gegenstände verschieben, mit dem Drehen-Pfeil neu ausrichten.

12. Weiter geht's. Tippen Sie nun zuerst die Toilette und anschließend das erscheinende Dialogfeld an.

Der (weibliche) Sim erleichtert sich. Das wird sogar verpixelt dargestellt ⓭, sodass die Privatsphäre gewährleistet ist ☺.

Der Sim, in diesem Fall eine Dame, bewegt sich nun auf die Toilette und verrichtet ihr Geschäft. Das klappt nicht? Dann steht die Toilette eventuell an der falschen Stelle oder ist mit Blick auf die Wand installiert worden. Gehen

Sie durch Antippen des entsprechenden Symbols daher erneut in den Home Store und verschieben bzw. drehen Sie die Toilette mithilfe der Symbole so, dass die Figur sie nun bequem erreichen und nutzen kann. Sehr gut!

Der Toilettengang hat dazu geführt, dass Sie ein Level im Tutorial aufgestiegen sind. Das Haus wird dadurch *freigeschaltet*, d. h. um weitere Einrichtungsgegenstände ergänzt.

13. Tippen Sie auf die Schaltfläche **Antippen, um fortzufahren** ⓮. Dadurch landen Sie im nächsten Level bzw. Dialog.

Im nächsten Level erfahren Sie, dass Ihre Sims bestimmte Bedürfnisse haben, die von Ihnen erfüllt werden müssen.

1. Fahren Sie durch erneutes Antippen der Schaltfläche am unteren Bildrand ❶ fort mit dem nächsten Bild bzw. Dialog.

2. Sie erfahren nun, dass der Wunsch des Sims nach Hygiene erfüllt werden muss. Wie heißt es doch so schön: »Nach dem Klo und vor dem Essen Händewaschen nicht vergessen.« Tippen Sie also das Waschbecken an, und wählen Sie im Dialog **Hände waschen**.

Ein grüner Diamant über dem Sim zeigt, dass die Figur aktiv ist.

Und schon haben Sie die nächste Aufgabe erledigt. Sicher haben Sie schon bemerkt, dass Sie für das Absolvieren der Aufgaben sowohl sog. Erfahrungspunkte (*XP*) ❷ als auch virtuelles Geld (sog. *Simoleons*) ❸ erhalten. Mit den Erfahrungspunkten steigen die Figuren im Level auf, mit der virtuellen Währung lassen sich Bauvorhaben oder andere materielle Dinge realisieren.

Kapitel 14: Mit Weitblick – Strategie- und Aufbauspiele

Die Wand wird durch Antippen und Ziehen der Rauten ❹ vergrößert.

In den weiteren Schritten des Tutorials lernen Sie nun u. a. folgende Dinge:

- **Zimmer vergrößern**: Vergrößern Sie über den Home Store Ihr Haus durch Einbau einer neuen Wand.

- **Boden hinzufügen**: Ebenfalls über den Home Store lässt sich der Boden des Hauses verändern.
- **Tapete hinzufügen**: Tapezieren Sie Ihr Haus. Dadurch gelangen Sie in das dritte Level im Tutorial.
- **Lampe kaufen**: Eine schicke Beleuchtung kann Ihrem Heim nicht schaden. Der Home Store bietet Ihnen dazu eine reichhaltige Auswahl.

- **Kleiderschrank durchsuchen**: Schauen Sie sich nach passender Kleidung in Ihrem Kleiderschrank um. Dabei landen Sie im Prinzip wieder in dem aus dem Einstieg bekannten Dialog zur Kleidungswahl.
- **Beet kaufen**: Legen Sie ein neues Beet im Garten an.

- **Paprika züchten**: Bauen Sie Gemüse auf dem soeben angelegten Beet an. Den Paprika können Sie anschließend ernten und verkaufen. Das verschafft Ihnen den Aufstieg in Level Nummer 4.

- **Briefkasten leeren**: Dadurch erhalten Sie Ihre tägliche Belohnung. An dieser Stelle kommen Sie auch erstmalig in Kontakt mit einem möglichen In-App-Kauf. Ignorieren

Zur Beschleunigung von Bauvorhaben können Sie Lebenspunkte einsetzen. Diese erwerben Sie am schnellsten per In-App-Bezahlung zu saftigen Preisen – die Grundlage des Geschäftsmodells des Sims-Spiels.

Sie diesen einfach. Das tun Sie, indem Sie den Zurück-Pfeil am oberen linken Bildrand antippen.

- **Hauseinnahmen kassieren**: Das ist eine weitere Geldeinnahmequelle, die Sie nutzen können und sollten.
- **Arbeitsplatz bauen**: Sie werden dazu aufgefordert, eine Feuerwache zu bauen, damit Sie einer Berufstätigkeit nachgehen können. Sie werden feststellen, dass der Bau eine gewisse Zeit in Anspruch nimmt. Diesen können Sie durch die Verwendung von wertvollen Lebenspunkten beschleunigen, oder Sie gedulden sich eben.
- **Einen Job besorgen**: Welch ein Zufall – in der soeben von Ihnen gebauten Feuerwache ist ein Job als Feuerwehrmann frei. Den lassen Sie sich für Ihren Sim natürlich nicht entgehen.

- **Neuen Sim hinzufügen**: Sie beschaffen Ihrem Sim einen Freund, indem Sie ein neues Haus in dessen Nähe errichten. Dazu bauen Sie zunächst das Haus und bestücken es dann mit einem neuen Sim.

Voll das Leben – »Die Sims«

- **Inspirieren Sie Ihren Sim mit einem Törtchen**: Dadurch erhalten Sie zusätzliche Erfahrungspunkte.
- **Platzieren Sie eine Uhr aus dem Inventar**: Diese sorgt dafür, dass Ihr Sim pünktlich zur Arbeit erscheint.
- **Simfinder öffnen**: Lernen Sie den neuen Nachbarn bzw. die neue Nachbarin mithilfe des *Simfinders* kennen.
- **Einen Sim rufen**: Rufen Sie einen Sim über den Simfinder herbei. Dazu tippen Sie auf den gewünschten Sim.
- **Simwechsel-Auswahl**: Wechseln Sie die Steuerung zwischen zwei Sims. Der aktive, steuerbare Sim ist dann über ein grünes Diamantsymbol über seinem Kopf erkennbar.

Kapitel 14: Mit Weitblick – Strategie- und Aufbauspiele

Zwei Sims können miteinander interagieren. Der aktive, steuerbare Sim ist auch hier am grünen Diamanten über seinem Kopf erkennbar.

- **Mit einem Sim scherzen**: Bemühen Sie sich per gleichnamiger Schaltfläche, lustig zu sein. Das stärkt die Bindung zwischen zwei Sims.

- **Park anlegen**: Legen Sie im Stadtplan einen Park zur Entspannung an.

Durch den Park gewinnt Ihre Stadt an Wert.

Wenn Sie alle Punkte abgearbeitet haben, dann wurde das Tutorial vollständig abgeschlossen. Sie erhalten nun verschiedene Aufgaben (*Quests*), die es abzuarbeiten gilt. Viel Spaß bei der Erkundung der wunderbaren Welt der Sims!

KAPITEL 15

Gemeinsam macht's noch mehr Spaß – mit Freunden spielen

Sie haben in den vorangegangenen Kapiteln schon einige Spiele kennengelernt, die Sie auch gemeinsam mit anderen Menschen über das Internet spielen konnten. Diese Spiele besitzen einen sog. *Multiplayer*-Modus (auf Deutsch: Mehrspieler-Modus). Nun schauen wir uns aber einmal etwas abseits von den üblichen Multiplayer-Spielen, bei denen es eher um eine mehr oder weniger anonyme Wettkampfsituation geht, solche Spiele an, die digitale Geselligkeit versprechen.

»Zögen alle am gleichen Strang, würde die Welt kentern.«

Israelisches Sprichwort

Das kleinste Multiplayer-Spiel: Glow Hockey

Ein Smartphone bzw. Tablet, das sich zwei Spieler für ein Spiel teilen, z. B. auf einer langen Bahn- oder Flugreise, ist ein idealer Begleiter für gemeinsamen Spielspaß. Für dieses Szenario bietet sich das Spiel *Glow Hockey* förmlich an. Unter Umständen kennen Sie aus Ihren Jugendjahren den »echten« Vorgänger des Spiels namens *Air Hockey*. Dabei wurde ein kleiner Puck auf einer reibungsarmen Luftkissenbahn mit tellerförmigen Schlägern hin und her geschlagen.

Kapitel 15: Gemeinsam macht's noch mehr Spaß – mit Freunden spielen

Glow Hock...

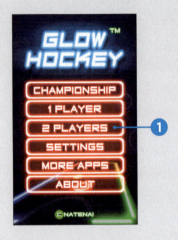

1. Suchen Sie im App Store Ihres mobilen Geräts nach der App Glow Hockey. Mittlerweile ist zwar schon die zweite Version erschienen, wir installieren hier aber das Original. Das Spiel ist kostenlos, wird aber von Zeit zu Zeit durch Werbung unterbrochen.

2. Starten Sie das Spiel durch Antippen des App-Symbols. Tippen Sie im Startmenü auf die Option **2 Players** ❶. Damit steigen Sie in den Zweispieler-Modus ein.

3. Das Spiel ist recht einfach und beinahe selbsterklärend:

- Beide Spieler legen jeweils einen Zeigefinger auf die ringförmige Schlägerfläche, welche sich auf der jeweiligen Seite befindet, der blaue Spieler auf den blauen Schläger ❷, der rote entsprechend auf den roten ❸. Mit gedrücktem Finger werden die Schläger bewegt.
- Zu Spielbeginn befindet sich der Puck in der Mitte des virtuellen Spieltisches. Der erste Spieler stößt den Puck ❹ mit seinem Schläger an.
- Nun versucht jeder Spieler, den Puck durch gezielte Schläge ins gegnerische Tor zu befördern. Der Schläger kann dabei von jedem Spieler nur bis zur Mittellinie verschoben werden.

Noch ein Tipp: Halten oder legen Sie Ihr Smartphone bzw. Tablet im Hochformat zwischen sich, und spielen Sie jeweils an den gegenüberliegenden Stirnseiten. Säßen Sie nebeneinander, kämen Sie sich vermutlich ins Gehege.

Recht einfach, oder? Dann viel Spaß zu zweit mit Ihrem Smartphone-Air-Hockey!

Challenge Your Friends – die Spielekollektion für die Zweisamkeit

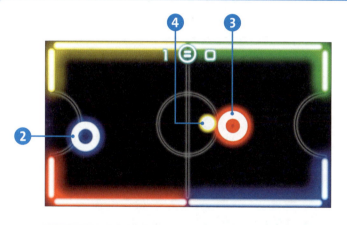

Toooor! Der Puck ist im Tor von Blau gelandet.

Challenge Your Friends – die Spielekollektion für die Zweisamkeit

Weiter geht's mit einer ganzen Sammlung von partnertauglichen Spielen. *Challenge Your Friends (2Player)* ist eine Kollektion von Spielen, auf die ein Blick lohnt. Die Sammlung ist kostenlos und wird ebenfalls per Werbung finanziert.

1. Suchen und installieren Sie die App Challenge Your Friends (2Player) per App Store.

2. Starten Sie die App durch Antippen des App-Symbols in der App-Übersicht auf Ihrem mobilen Gerät.

Kapitel 15: Gemeinsam macht's noch mehr Spaß – mit Freunden spielen

3. Wählen Sie zunächst im ersten Dialog als Sprache **Deutsch** ❶ aus, und bestätigen Sie Ihre Auswahl mit der Schaltfläche **Okay** ❷.

4. Sie erhalten nun eine kleine Einführung in die Spielidee, die Ihnen u. a. zeigt, wie die Spieler zum Gerät positioniert sein sollten. Bestätigen Sie den Einführungsdialog durch Antippen der Schaltfläche **Alles klar** ❸.

5. Bestätigen Sie auch die Information, dass Sie während des Spiels Werbung erhalten.

6. Sie gelangen zum Hauptmenü des Spiels. Hier wartet eine große Anzahl von Partnerspielen auf Sie. Verschaffen Sie sich einen ersten Überblick, indem Sie per waagerechtem Fingerstreich durch die Spielekollektion wischen. Ich werde Ihnen später noch den Inhalt der einzelnen Spiele erläutern.

Wischen Sie per Finger durch die Kollektion der Spiele, um sich einen Überblick zu verschaffen. Eines der Spiele erscheint erst dann, wenn Sie dem Gesamtpaket auf Facebook ein »Like« spendiert haben.

Challenge Your Friends – die Spielekollektion für die Zweisamkeit

7. Tippen Sie oder Ihr Mitspieler nun einmal auf das Spiel **Platformen** ❹. Sie werden dazu aufgefordert, die Herausforderung des Spiels anzunehmen. Bestätigen Sie dies über die Schaltfläche **Annehmen** ❺. Dem Verlierer wird hier zudem eine recht spaßige Wettschuld angedroht ❻, die Sie natürlich auch ignorieren können.

8. Im nächsten Dialog werden Ihnen die Spielregeln erläutert, bevor Sie per Schaltfläche **Spielen** loslegen. Bei Platformen geht es darum, im richtigen Takt auf den Bildschirm zu tippen, um Ihre Spielfigur über Hindernisse springen zu lassen. Das versucht jeder Spieler auf seiner Bildschirmseite. Wer nun länger den Spielverlauf überlebt, ohne an den Hindernissen zu zerschellen, der geht als Sieger aus dem Spiel hervor.

Die Hindernisse werden per Fingertipp auf den Bildschirm übersprungen.

Kapitel 15: Gemeinsam macht's noch mehr Spaß – mit Freunden spielen

Es wird eng beim Spielen? Wie schon bei Glow Hockey im vorigen Abschnitt erläutert, sollten Sie und Ihr Mitspieler sich gegenüber an die schmalen Seiten des Geräts setzen, um gleich die richtige Perspektive im Mehr- bzw. Zweispieler-Modus einnehmen zu können. So spielen Sie das Spiel auch in der richtigen Bewegungsrichtung und müssen sich nicht den Hals verrenken.

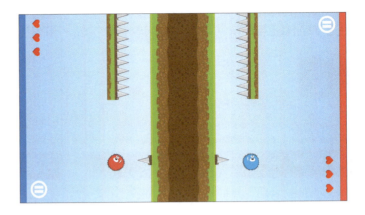

Noch ein Spielchen gefällig? Dann versuchen Sie sich doch einmal an folgendem Autorennen.

1. Wählen Sie im Hauptmenü (siehe dazu die Abbildungen auf Seite 271 oben) das Spiel **Autorennen** durch Antippen aus, und nehmen Sie die Herausforderung an. In diesem Spiel geht es darum, so schnell wie möglich auf die Spielknöpfe zu tippen. Dadurch werden die Autos auf dem Kurs schneller. Wer zuerst die Ziellinie überquert, ist der Sieger.

Tippen Sie so schnell wie möglich hintereinander auf die Schaltfläche Ihrer Farbe.

Die beiden Spiele haben Ihnen gefallen? Folgende weitere Herausforderungen finden Sie noch bei *Challenge Your Friends*:

Challenge Your Friends – die Spielekollektion für die Zweisamkeit

- **Höher-Niedriger**: Sie müssen abwechselnd raten, ob die nächste Karte, die aus einem Kartenstapel gezogen wird, höher oder niedriger als die zuvor aufgedeckte Karte ist.

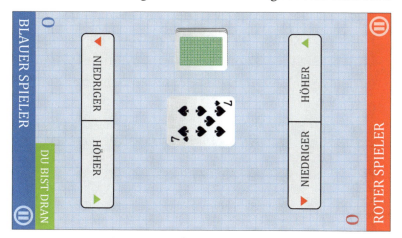

Höher oder niedriger? Ein harmloser Zeitvertreib, der für Ablenkung sorgt.

- **Rote Hände**: Sie versuchen, Ihrem Gegenüber auf die virtuelle Hand durch Antippen des Bildschirms zu schlagen. Dieser versucht seinerseits, die Hand wegzuziehen. Das Spiel kennen Sie sicher auch aus Kindertagen.

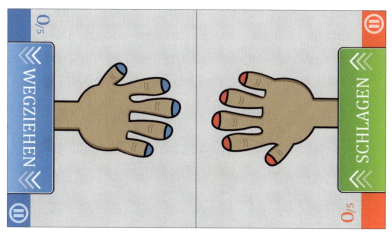

Hauen Sie dem Gegner auf die Pfoten!

- **Memory**: Ähnlich wie die im Abschnitt »Mit Memory das Gedächtnis stärken« ab Seite 45 vorgestellten Memoryspiele – mit dem Unterschied, dass Sie hier einen echten Mitspieler bzw. »Gegner« haben.

Kapitel 15: Gemeinsam macht's noch mehr Spaß – mit Freunden spielen

- **Pong**: Auch dieses Spiel kennen Sie bereits aus dem ersten Kapitel dieses Buchs.
- **Punkte und Quadrate**: Dabei muss eine Linie durch Antippen der Strecke zwischen zwei Punkten gezogen werden. Derjenige Spieler, der ein Quadrat aus eigenen Linien zeichnen kann, erhält einen Punkt. Sieger ist derjenige Spieler, der zum Schluss die meisten Punkte erspielt hat.

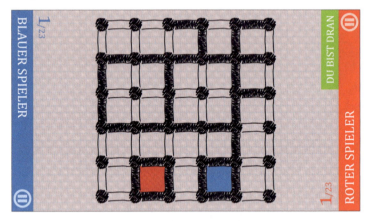

Rot und Blau haben jeweils schon ein Quadrat mit eigenen Linien umschlossen. Dadurch hat jeder Spieler einen Punkt erspielt.

- **Farbenkampf**: Sie müssen gegnerische Kreise durch Antippen in die eigene Farbe umwandeln. Derjenige Spieler, der die meisten Farbkreise erspielt hat, hat gewonnen. Hier kommt es auf Schnelligkeit an!

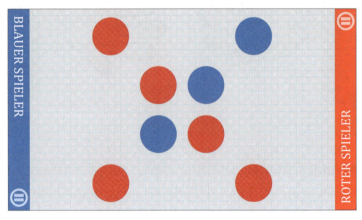

Tippen Sie so schnell wie möglich die gegnerischen Kreise an!

- **Mathe-Test**: In diesem Spiel sind blitzschnelle Kopfrechenfähigkeiten gefragt! Seien Sie schneller als der Gegner.

Wie steht's um Ihre Kopfrechenfähigkeiten? Seien Sie schneller als der Gegner und die Uhr!

- **Vier gewinnt**: Auch ein Klassiker – wer zuerst vier eigene Symbole in einer Reihe (senkrecht, waagerecht, diagonal) erspielt hat, der gewinnt das Spiel.

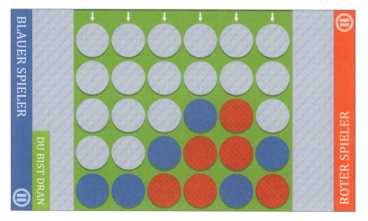

Der blaue Spieler ist an der Reihe und wird gleich gewinnen, indem er eine Diagonalreihe bestehend aus vier Chips vervollständigt. Dazu muss er lediglich die zweite Spalte von rechts oben antippen.

- **Tic-Tac-Toe**: Dieses Spiel ist prinzipiell ähnlich wie *Vier gewinnt*, nur reduziert auf ein kleineres Spielfeld.
- **Dame**: Das beliebte und bekannte Brettspiel finden Sie ebenfalls in der Spielesammlungs-App Challenge Your Friends.

Kapitel 15: Gemeinsam macht's noch mehr Spaß – mit Freunden spielen

Kurzstreckenfunk – Bluetooth- und WLAN-Spiele

Eine weitere Spielart der Multiplayer-Spiele besteht darin, dass sich zwei Spielpartner in Rufweite befinden und ihre Smartphones mit dem Kurzstreckenfunknetz *Bluetooth* oder auch per WLAN verbinden und dadurch an einem gemeinsamen Spiel teilnehmen. Man bezeichnet derartige Spiele auch als lokale Multiplayer-Spiele. Beginnen wir mit einem klassischen Vertreter: *DUAL*.

1. Suchen Sie im App Store Ihres Mobilgeräts nach dem Spiel DUAL, und installieren Sie es. Die Freunde, mit denen Sie spielen möchten, benötigen das Spiel ebenfalls auf ihrem Smartphone. Es empfiehlt sich, das Spiel zum Preis von 2,17 € per In-App-Bezahlung zu erwerben, um in den vollen Genuss aller Funktionen bzw. Spielvarianten zu kommen. Dabei muss lediglich ein Spieler die Vollversion erwerben.

Mit 2,17 € kommt man zu zweit in den vollen Genuss aller Spielvarianten.

2. Nach dem Start des Spiels müssen Sie noch einige der angeforderten Rechte genehmigen. Danach startet ein Auswahldialog. Per Wischgeste können Sie hier unterschiedliche Spielmodi auswählen. Wir beginnen zum Kennenlernen der App mit dem Modus **Duel**.

In der freien Version des Spiels ist lediglich die Variante *Duel* spielbar. Die anderen Versionen werden per In-App-Bezahlung im Bereich **Unlock** freigeschaltet.

Kurzstreckenfunk – Bluetooth- und WLAN-Spiele

3. Tippen Sie länger auf den Bildschirm mit der Aufschrift **Duel**. Sie werden nun zunächst mit der Steuerung des Spiels vertraut gemacht.

4. So lernen Sie an dieser Stelle, dass Ihre Spielfigur (ein kleiner Roboter) durch Kippen des Smartphones bewegt werden kann. Ein gestrichelter Kreis ❶ gibt Ihnen einen Bereich vor, den Sie durch Kippen mit dem beweglichen Spielerkreissymbol ❷ erreichen müssen.

> **MERKE**
> Um von Bildschirm zu Bildschirm zu gelangen oder Menüpunkte zu aktivieren, müssen Sie in diesem Spiel länger auf den Bildschirm tippen.

Der rote Spielerpuck wird durch Kippen des Smartphones bewegt und gesteuert.

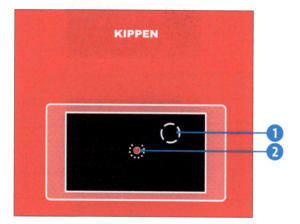

5. Haben Sie die Route abgefahren, dann wird Ihnen gezeigt, wie man mit der Spielfigur schießt. Das geschieht durch Antippen des Bildschirms. Wenn Sie den Bildschirm länger berühren, dann wird Ihre Kanone aufgeladen und schießt eine längere Salve ab. Die Punkte, die zuvor um den kleinen Roboter erscheinen, geben dabei die Anzahl der zur Verfügung stehenden Schüsse an. Ist die Kanone nach einer Salve leer geschossen, müssen Sie eine Weile warten, bis sich das Magazin wieder aufgeladen hat.

6. Nun wird Ihnen im Tutorial gezeigt, wie das Spiel gegen einen Gegner funktioniert: Auf dem Display erscheint im oberen Teil der Bildschirmausschnitt Ihres

Gegners. Sie bewegen Ihre Spielfigur durch Kippen, um den Schüssen des Gegners auszuweichen bzw. sich selbst für Schüsse zu positionieren. Sie schießen, indem Sie den Bildschirm antippen. Gewonnen hat derjenige Spieler, der dem Gegner als Erster genügend Treffer zugefügt hat. Testen Sie das zunächst einmal im Tutorial. Keine Angst, der grüne Gegner ist hier »zahnlos« und kann nicht schießen.

Kippen Sie das Smartphone, um sich in Schussposition zu bringen. Feuern Sie dann durch Antippen des Bildschirms.

Damit hätten Sie das Tutorial beendet. Nun müssen Sie sich schließlich noch mit einem potenziellen Gegner verbinden. Beide Spieler müssen dazu die DUAL-App starten. Es gibt prinzipiell zwei Möglichkeiten, um die beiden Geräte zu vernetzen:

Die Kopplung der Smartphones kann über Bluetooth oder WLAN erfolgen.

- Zwei Smartphones mit identischem Betriebssystem (also beide Geräte besitzen Android bzw. iOS) verbinden sich per Bluetooth. Dazu muss der Bluetooth-Empfang auf beiden Geräten aktiviert sein.
- Sollten beide Geräte im selben WLAN angemeldet sein, dann bietet sich eine Verbindung per WLAN an. Das funktioniert dann auch bei »gemischten« Geräten.

Kurzstreckenfunk – Bluetooth- und WLAN-Spiele

Ich entscheide mich nachfolgend für die Verbindung per Bluetooth und halte die entsprechende Schaltfläche ❶ länger gedrückt. Dieser Schritt ist auf beiden Geräten durchzuführen.

Die Bluetooth-Verbindung funktioniert auch ohne vorhandenen WLAN-Router.

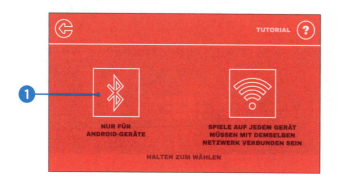

7. Halten Sie zum Herstellen einer Verbindung auf beiden Geräten den Finger länger auf dem Display gedrückt. Bestätigen Sie dann auf den Geräten die Aufforderung, dass eine Verbindung hergestellt werden soll.

8. Jeder Spieler gibt nun einen Spielernamen vor dem ersten Spiel ein ❷, um sich gegenseitig zu identifizieren. Bestätigen Sie die Eingabe mittels **Übernehmen** ❸. Beide Spieler tippen dann erneut länger auf das Display. Zunächst wählen die beiden Spieler ihre Waffen. Das ist in der kostenlosen Version ein kleiner Roboter namens **Zaba**.

Der kleine Roboter namens Zaba ist Ihre Waffe im Duell.

In der kostenpflichtigen Vollversion der App können Sie später auch noch andere Roboter auswählen.

Identifizieren Sie die Position des Gegners anhand seiner Schussposition. Diese ist im vorliegenden Fall jeweils durch grüne Quadrate zu erkennen.

9. Nun kann das Duell losgehen! Schießen Sie durch Antippen des Bildschirms munter drauflos. Sie haben zwar keine Ahnung, wo genau sich Ihr Gegner befindet, sehen aber immerhin, aus welcher Richtung die Schüsse kommen. Also bewegen Sie Ihren kleinen Roboter durch Kippen in diese Richtung und halten dagegen. Haben Sie den Gegner oft genug getroffen, dann gehen Sie als Sieger aus dem Duell hervor.

Ihnen gefällt das Spielprinzip? DUAL bietet in der Vollversion noch weitere Spielvarianten:

- **Defend**: Hier tauchen weitere Flugobjekte auf dem Spielfeld auf, denen Sie ausweichen müssen.

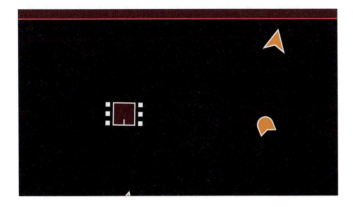

Im Defend-Modus tauchen zusätzliche Objekte auf dem Spielfeld auf, die Sie ebenfalls abschießen können.

- **Deflect**: Dabei wird ein großer Ball, den Sie mit Ihrer Spielfigur anstoßen, zum Gegner geschossen.

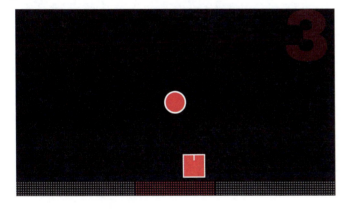

In der Variante Deflect wird ein Ball als Geschoss verwendet.

Aufforderung zum Tanz – Bounden

Denken Sie bloß nicht, dass Sie mit Ihrem Smartphone dazu verdammt sind, still in der Ecke zu sitzen. Gerade wenn Sie Freude am Tanzen haben, wird das folgende Spiel eine echte Offenbarung für Sie sein. Mit *Bounden* (auf Deutsch: gebunden) lernen Sie das Tanzen aus einer neuen Perspektive kennen. Alles, was Sie zum Spiel benötigen, ist ein(e) Tanzpartner(in).

Kapitel 15: Gemeinsam macht's noch mehr Spaß – mit Freunden spielen

Bounden

Tanzvergnügen der besonderen Art per App für 2,49 €

Jeder Spieler platziert seinen Daumen wie angegeben auf dem Smartphone-Display. Dadurch werden die beiden Tänzer(innen) verknüpft.

1. Suchen Sie im App Store Ihres Smartphones das Spiel Bounden, und installieren Sie es. Das Spiel kostet aktuell 2,49 € und ist sowohl für Android als auch für iOS erhältlich.

2. Starten Sie das Spiel durch Antippen des App-Symbols. Sie werden von einem Dialog begrüßt, der bereits eine klare Anweisung beinhaltet. Beide Spieler bzw. Tänzer halten das Smartphone gemeinsam wie auf dem Bild zu sehen in der Hand und legen ihre Daumen jeweils auf die kreisrunde Fläche ❶.

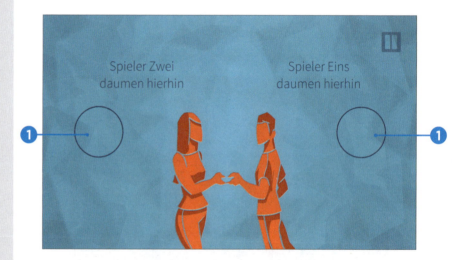

3. Nun beginnt die erste Balanceübung. Die beiden Spieler versuchen, den weißen Kreis ❷ durch Kippen und Neigen des Smartphones in den Ring ❸ zu bewegen. Diese Neigungssteuerung des Smartphones kennen Sie ja bereits von anderen Spielen. Der Witz dabei ist aber, dass nun beide Spieler das Smartphone festhalten und nicht loslassen dürfen.

Aufforderung zum Tanz – Bounden

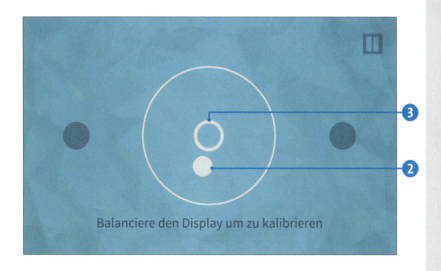

Kippen Sie das Smartphone gemeinsam, um den Kreis in den Ring zu bewegen.

4. Nun erscheint ein weiteres Spielobjekt auf dem Bildschirm ❹: das sog. *Crosshair*. Dieses befindet sich auf einem roten Ball. Der Ball wird nun per Dreh- bzw. Kippbewegung so gedreht, dass das Crosshair nacheinander in den Ringen ❺ landet.

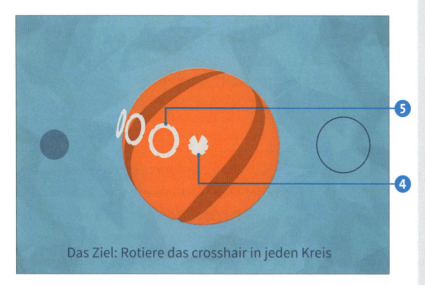

Drehen und kippen Sie das Smartphone! Und immer schön dran denken: Beide Spieler müssen jeweils einen Daumen auf die beiden Kreise am Bildschirmrand platzieren.

5. Die letzte Übung des Tutorials: Das Crosshair befindet sich in einem Ring mit einer Öffnung. Ihre Aufgabe ist

Kapitel 15: Gemeinsam macht's noch mehr Spaß – mit Freunden spielen

Drehen Sie die Öffnungen der inneren und äußeren Figur so zueinander, dass sie übereinstimmen.

es, den Spalt der inneren Figur durch Drehen zur Öffnung des äußeren Rings hin zu bewegen.

Das Ziel: Richte die Spalten aus, um die Kreise zu greifen

Sie haben das alles gemeinsam mit Ihrem Partner geschafft? Prima! Dann werden Sie bei den Übungen des Tutorials sicher bemerkt haben, dass Sie beide um sich herumgetanzt sind – und genau das ist der Sinn des Spiels! Es wurde übrigens in Kooperation mit dem niederländischen Tanzballett entwickelt, um auch Bewegungsmuffel zum Tanzen zu bringen.

Starten Sie nun durch, und praktizieren Sie die ersten Tänze, durch die Bounden Sie führt. Dazu verlassen Sie zunächst die App und starten diese erneut. Sie gelangen nun in eine Auswahl mit verschiedenen Tänzen, durch die Sie sich mittels Wischen von links nach rechts und umgekehrt bewegen. Bei einigen schwierigeren Tänzen werden Sie auf Videos weiterverwiesen, die Ihnen die entsprechenden Tänze in natura zeigen – eine tolle Sache!

Aufforderung zum Tanz – Bounden

Bei schwierigen Tänzen helfen Ihnen Videotutorials, diese zu lernen. Beachten Sie, dass die beiden Tanzpartner ebenfalls ein Smartphone gemeinsam halten.

KAPITEL 16
Spieleklassiker in digitalem Gewand

Sie haben früher auch gerne mal ein Brettspiel gespielt und mit Spannung die Auszeichnungen zum *Spiel des Jahres* verfolgt? Dann werden Sie in diesem Kapitel alte Bekannte treffen.

»Ein klassisches Werk ist ein Buch, das die Menschen loben, aber nie lesen.«
Ernest Hemingway

Catan – das Spiel

Das Brettspiel *Die Siedler von Catan* war unmittelbar nach seiner Vorstellung im Jahr 1995 schon in aller Munde und wurde mit Preisen nur so überhäuft. Mittlerweile wurde das Brettspiel in *Catan – das Spiel* umbenannt und hat seinen Weg auch in die digitale Arena gefunden. Es gibt eine schon etwas betagtere Version für PCs (unter dem Namen *Catan Creators Edition* für ca. 15 € im Buchhandel oder in Onlineshops erhältlich) sowie eine aktuelle Version für die beiden Mobilplattformen iOS und Android. Wir schauen uns Letztere an. Diese können Sie als Multiplayer-Version (siehe dazu das vorige Kapitel) mit anderen Spielern spielen, aber auch allein gegen den Computer antreten.

Kapitel 16: Spieleklassiker in digitalem Gewand

Die Basisversion von Catan Classic ist für 5,49 € in den App Stores erhältlich.

> **Das Prinzip des Spiels ...**
>
> ... dürfte Ihnen nach der Lektüre von Kapitel 14, »Mit Weitblick – Strategie- und Aufbauspiele«, ab Seite 235 bekannt vorkommen: Es geht darum, ein freies Fleckchen Erde zu besiedeln und mit den zur Verfügung stehenden Ressourcen gut zu wirtschaften. Diese Idee hat der Autor des Originalspiels Mitte der 90er-Jahre des letzten Jahrhunderts sehr erfolgreich entwickeln und vermarkten können.

1. Suchen Sie das Spiel *Catan Classic* im App Store Ihres Mobilgeräts, und installieren Sie es. Die Basisversion kostet aktuell 5,49 €, sie kann jedoch per In-App-Bezahlung noch um bestimmte Module wie z. B. *Die Seefahrer* oder *Städte und Ritter* erweitert werden.

2. Starten Sie das Spiel durch Antippen des App-Symbols. Zunächst muss noch eine größere Datei vom Spielserver heruntergeladen werden, damit das Spiel auf dem Gerät gestartet werden kann. Bestätigen Sie die entsprechende Nachfrage mit **Ja**.

3. Tippen Sie im folgenden Dialog auf **OK**. Bestätigen Sie die eingeforderten Rechte sowie den Text zur neuen Datenschutzgrundverordnung. Sie erhalten ggf. einige Nachrichten, die Neuigkeiten zum Spiel beinhalten. Schließen Sie das Nachrichtenfeld mit der **X**-Schaltfläche. Dadurch gelangen Sie zum Startbildschirm des Spiels.

Auf dem Startbildschirm finden Sie folgende Elemente:

❶ **Kampagne**: Hier begeben Sie sich auf eine Kampagne mit vorgegebenem Spielziel. Derartige Kampagnen sind nur gegen In-App-Bezahlung erhältlich.

Catan – das Spiel

Der Startbildschirm

2 **Freies Spiel**: Die hier anzuwendenden Regeln sind die gleichen, die auch beim Brettspiel gelten. Dieses Spiel kostet kein weiteres Geld.

3 **Online**: Verbinden Sie sich mit vielen Gleichgesinnten rund um die Welt, um an einem Multiplayer-Spiel teilzunehmen. Dazu benötigen Sie einen Zugangsnamen und ein Kennwort. Die entsprechende Registrierung können Sie an dieser Stelle durchführen.

4 **Hilfebereich**: Hier gelangen Sie u. a. zum Tutorial des Spiels und können auch im allwissenden Almanach nachschlagen.

5 **Statistiken zum Spiel**: Erfahren Sie, wer wie viele Partien gewonnen hat und wie oft beim Würfeln bestimmte Zahlen gefallen sind.

6 **Einstellungen**: Hier passen Sie u. a. den Sound zum Spiel sowie den Schwierigkeitsgrad an. Am Anfang sollte dieser auf **Leicht** stehen. Durch Antippen der kleinen Fragezeichen hinter den Menüpunkten erfahren Sie, was es mit den jeweiligen Reglern auf sich hat.

Kapitel 16: Spieleklassiker in digitalem Gewand

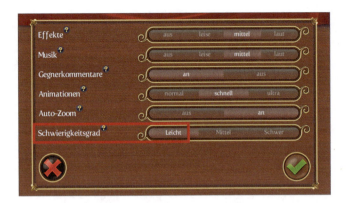

Die beiden restlichen Symbole des Startbildschirms, die hier nicht erklärt wurden, sind für uns und die Spielführung nicht relevant.

7 **Erweiterungspakete**: Diese können Sie per In-App-Bezahlung nachträglich erwerben. Für den Anfang sollten Sie sich aber zunächst mit der Basisversion des Spiels begnügen.

8 Hier können Sie bereits gekaufte Inhalte wiederherstellen lassen, falls Sie ein Konto für das Spiel beim Hersteller eingerichtet haben.

Sehen wir uns nun einmal das Tutorial an, in dem Sie die wichtigsten Elemente des Spiels kennenlernen.

1. Tippen Sie auf dem Startbildschirm auf das Symbol mit dem Rettungsring (4 auf Seite 289), um in den Hilfebereich zu gelangen. Über den Punkt **Überblick** 1 erhalten Sie zunächst wichtige Informationen zum Spiel. Zurück gelangen Sie stets durch Antippen der **X**-Schaltfläche 2.

2. Rufe Sie nun den Bereich **Tutorials** ❸ auf. Davon gibt es insgesamt zehn. Tippen Sie hier zunächst auf das erste, **Einführung** ❹. Ein Herr namens Professor Easy macht Sie mit den wichtigsten Spielzügen bekannt.

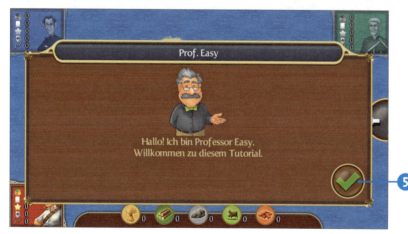

Die Struktur der Insel, die zu besiedeln ist. Die Karte kann gezoomt und verschoben werden.

3. Bestätigen Sie ab jetzt jeden Dialog durch Antippen des grünen Hakens ❺. Im einführenden Tutorial werden Ihnen zunächst einige grundlegende Begriffe erklärt. Ihr zu besiedelndes Eiland besteht beispielsweise aus 19 Landfeldern. Die Karte kann per Finger verschoben oder gezoomt werden, so wie Sie es von anderen Karten-Apps auf dem Smartphone her kennen. Testen Sie das ruhig einmal.

Kapitel 16: Spieleklassiker in digitalem Gewand

Rohstoffe sind im Spiel sehr wichtig.

Nun werden Ihnen die verschiedenen Rohstoffvorkommen auf der Insel erläutert. Jede der auf der Karte abgebildeten Landschaften steht für einen anderen Rohstofftyp.

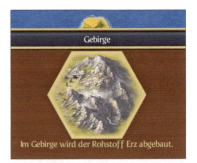

Die jeweiligen Landschaften sind folgenden Rohstoffen zugeordnet:

- **Wald**: liefert Holz.
- **Gebirge**: liefert Erz.
- **Ackerland**: liefert Getreide.
- **Schafe**: liefern Wolle.
- **Hügelland**: liefert Lehm.
- **Wüste**: liefert als einzige Landschaft keinen Rohstoff.

Eine strategische Bedeutung besitzen die Häfen, von denen es insgesamt 9 auf der Karte gibt (im Bild durch Symbole und Fragezeichen gekennzeichnet, je nachdem, ob es ein allgemeiner oder ein *Spezialhafen* ist).

Ist man in deren Besitz, so erlangt man dadurch Vorteile beim Handel, einer weiteren wichtigen Komponente des Spiels.

Das Ziel des Spiels ist es, die Insel mit Bauwerken zu besiedeln. Jedes Bauwerk benötigt dabei eine bestimmte Rohstoffkombination. Jede Siedlung, die errichtet wird, bringt einen Siegpunkt ein. Zudem liefert jede Siedlung die Rohstoffe der angrenzenden Landflecken. Um eine Siedlung zu errichten, muss diese mit jeweils einer Einheit Holz, Lehm, Getreide und Wolle bezahlt werden.

Der erste Spieler, der 10 Siegpunkte erwirtschaftet hat, hat gewonnen.

Die Steigerungsform einer Siedlung ist die Stadt. Diese liefert nach Errichtung den doppelten Ertrag an Ressourcen und kostet zwei Getreide- und drei Erzeinheiten. Das Errichten einer Stadt bringt außerdem zwei Siegpunkte.

Für die Infrastruktur werden zusätzlich Straßen benötigt. Diese kosten eine Holz- und eine Lehmeinheit. Sie dienen als Verbindungen zwischen den Siedlungen und Städten. Eine Siedlung bzw. Stadt kann nur dann errichtet werden, wenn eine eigene Straße zu dem geplanten Ort führt.

Damit haben Sie den Einführungsbereich der Tutorials abgearbeitet. Sehen wir uns nun das zweite Tutorial an, in dem gezeigt wird, wie die Insel im Spiel besiedelt wird.

Die Einführung des Tutorials ist hiermit abgeschlossen.

Kapitel 16: Spieleklassiker in digitalem Gewand

In der Startphase darf jeder Spieler nacheinander zwei Siedlungen bauen.

1. Wählen Sie unter **Tutorials** den Punkt **Gründungsphase** (siehe dazu die Abbildung unter Schritt 2 auf Seite 291). Hier erfahren Sie, dass jeder Spieler, der an der Reihe ist, zunächst ohne weitere Kosten eine Siedlung und eine Straße bauen darf. Dazu tippen Sie auf dem Spielplan einen Gabelungsspunkt ❶ an und bestätigen Ihre Auswahl über die grüne Schaltfläche ❷.

Diese Siedlung (symbolisiert durch ein einzelnes Häuschen) wird an der Weggabelung zwischen Feld 5 und 6 errichtet.

2. Ausgehend von der frisch errichteten Siedlung bauen Sie nun schließlich noch eine Straße. Deren Position wird ebenfalls durch Antippen bestimmt und durch den grünen Haken bestätigt.

Sie haben ausgehend von Ihrer Siedlung drei Möglichkeiten, um eine Straße zu bauen. Wählen Sie die gewünschte Richtung durch Antippen aus, und bestätigen Sie Ihre Auswahl mit dem Haken.

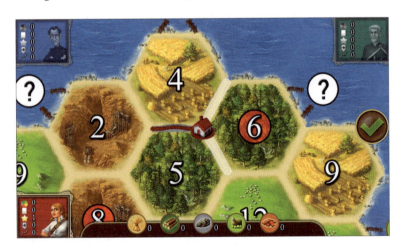

Nun sind die anderen (zunächst noch computergesteuerten) Mitspieler im Tutorial an der Reihe, ihre Siedlungen und Straßen zu bauen.

3. Bauen Sie jetzt noch eine Siedlung und eine Straße, und Sie erhalten die ersten Rohstoffe, quasi Ihre Ernte. Die Art der Rohstoffe richtet sich danach, an welchen Bereichen die jeweiligen Siedlungen angrenzen.

Nach dem Bau der zweiten Siedlung ernten Sie bereits die ersten Rohstoffe.

Damit wäre der zweite Teil des Tutorials beendet, und somit kennen Sie bereits die Grundzüge des Spiels, die da sind:

- Sie bauen Siedlungen und Städte. Dafür sind Rohstoffe erforderlich. Für die Errichtung der Siedlungen und Städte erhalten Sie Siegpunkte.
- Die Rohstoffe gewinnen Sie über die an den Siedlungen und Städten angrenzenden Landfelder.
- Gewinner ist derjenige, der zuerst zehn Siegpunkte erspielt hat.

Durch die Errichtung zweier Siedlungen haben Sie bereits zwei Siegpunkte erspielt.

Nun können Sie sich Schritt für Schritt durch die weiteren Tutorials arbeiten:

Kapitel 16: Spieleklassiker in digitalem Gewand

> **WAS TUN?**
> Und wie funktioniert das Würfeln ohne »echte« Würfel? Das Würfeln übernimmt der Computer ganz automatisch selbst und präsentiert Ihnen das Ergebnis.

- **Rohstoffgewinnung**: In jeder Runde wird mit zwei Würfeln ausgewürfelt, welche Felder bzw. Landflecken Rohstoffe erbringen. Diese sind mit den Zahlen 2 bis 12, also den möglichen Würfelergebnissen, beschriftet. Besitzen Sie eine Siedlung oder gar eine Stadt, die an ein Feld angrenzt, dann erhalten Sie dessen Rohstoffe, falls die entsprechende Zahl gewürfelt wurde.

Die Rohstofferträge werden ausgewürfelt. Im vorliegenden Fall liefern alle Felder einen Ertrag, auf denen eine 4 steht, z. B. das Getreidefeld am oberen Rand von Catan.

- **Gebäude**: Hier lernen Sie, wie man Siedlungen zu Städten erweitert und neue Straßen baut. Beachten Sie, dass Sie neue Siedlungen nur an eine Gabelung setzen dürfen, auf die eigene Straßen führen. Daher kommt der durch die Straßen erstellten Infrastruktur eine besondere Bedeutung zu. Sie dienen der Expansion des eigenen Gebietes. Für den Bau von Straßen und Gebäuden werden stets bestimmte Rohstoffe benötigt.

Zum Bauen benötigen Sie entsprechende Rohstoffe.

- **Handel**: Da Sie nur eine begrenzte Anzahl von Siedlungen besitzen, gelangen Sie nicht überall an Rohstoffe. Hier kommt der Handel ins Spiel: Sie versuchen, Rohstoffe mit einem anderen Mitspieler zu tauschen, um Ihre Bauvorhaben in die Tat umsetzen zu können. Sollte sich keiner der Mitspieler zum Handel anbieten, dann steht dafür immer auch die Bank zur Verfügung. Sind Sie im Besitz eines Hafens, dann können Sie damit beliebige Rohstoffe zum Kurs 3:1 von der Bank erhalten, also beispielsweise drei Holzeinheiten gegen eine Erzeinheit tauschen.

Der Handel ist ein ganz wesentliches Element des Spiels.

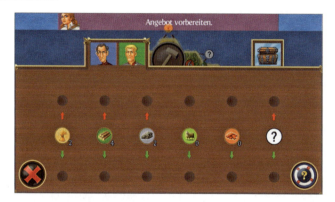

- **Entwicklungskarten**: Diese können gegen Rohstoffe getauscht werden und bieten beim nächsten Zug besondere Möglichkeiten. Für eine Erfindungskarte erhalten Sie beispielsweise zwei Rohstoffe Ihrer Wahl, mit einer Straßenbaukarte darf man kostenlos zwei Straßen bauen usw.
- **Räuber**: Sicher haben Sie schon bemerkt, dass die 7 auf dem Spielfeld fehlt. Wird diese gewürfelt, dann kommt der Räuber ins Spiel. Alle Spieler, die mehr als 7 Rohstoffe besitzen, müssen dann jeweils die Hälfte ihrer Rohstoffe abgeben – sehr unschön! Der auftauchende Räuber wird anschließend auf ein anderes Feld versetzt und kann von dort aus weitere Mitspieler bestehlen.

ACHTUNG
Der Räuber ist die größte Gefahr im Spiel.

Kapitel 16: Spieleklassiker in digitalem Gewand

Wenn Sie an der Reihe sind, können Sie über das Wahlrad verschiedene Aktionen vornehmen, z. B. **Bauen** oder **Handeln**. Dies wird im Tutorial genau erklärt.

Ein neues Spiel wird erstellt. Im vorliegenden Fall trete ich gegen drei Robotergegner an.

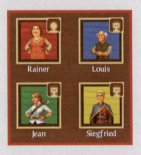

- **Handelsstraße**: Wenn Sie eine Straße errichtet haben, die aus fünf Segmenten besteht, dann ist dies die längste Handelsstraße. Dafür erhalten Sie 2 Siegpunkte.
- **Seefahrer** sowie **Städte und Ritter**: Diese beiden abschließenden Tutorials behandeln eine mögliche Erweiterung des eigentlichen Spiels.

Nachdem Sie die einzelnen Tutorials nun erfolgreich absolviert haben, begeben Sie sich wieder in das Hauptmenü.

1. Starten Sie über den Punkt **Freies Spiel ▸ Spiel erstellen** ein neues Spiel. Dazu ziehen Sie als Einzelspieler zunächst das Personensymbol ❶ auf einen leeren Spielerplatz ❷ und geben diesem Ihren Namen. Anschließend wählen Sie mithilfe des Robotersymbols ❸ die gewünschte Anzahl von Computergegnern, indem Sie es auf die übrigen leeren Spielerplätze ziehen. Das Spiel lässt sich übrigens auch nur mit echten Spielern spielen.

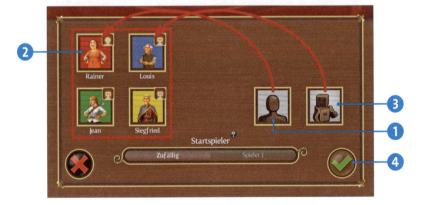

2. Bestätigen Sie Ihre Auswahl durch Antippen des Hakens ❹. Sie landen bei Ihrer ersten Mission – genannt *Die erste Insel*. Starten Sie die Mission durch Antippen des grünen Hakens ❺.

Im nächsten Dialog haben Sie noch die Möglichkeit, den Schwierigkeitsgrad des Spiels anzupassen, und dann kann es losgehen. Die nächsten Schritte kommen Ihnen sicher aus dem Tutorial bekannt vor.

Sie werden sehen, das Spiel Catan macht gerade in digitaler Form mächtig Spaß!

Carcassonne

Dieses beliebte Brettspiel ist äußerst leicht zu erlernen, sodass es bereits von Kindern gespielt werden kann. Andererseits fordert es durch die schier unendlichen Möglichkeiten gerade auch Strategen heraus. Sehen wir uns die digitale Umsetzung an.

Das Spielprinzip

Die Spieler decken Karten aus einem verdeckten Stapel auf. Diese Karten enthalten Straßen, Stadtteile und Klöster. Sie werden so an bestehende Elemente angelegt, dass komplette Straßenzüge und Städte entstehen. Diese werden mit Figuren, den sog. *Meeple*, eingenommen. Dafür erhalten die Spieler Punkte. Sieger ist, wer am Schluss die meisten Punkte erspielt hat.

Kapitel 16: Spieleklassiker in digitalem Gewand

Die App kostet 4,99 €. Carcassonne ist ein sog. *Aufbauspiel* (siehe dazu auch Kapitel 14, »Mit Weitblick – Strategie- und Aufbauspiele«, ab Seite 235). Sie müssen Straßen, Städte und Klöster bauen, um Punkte zu erhalten.

1. Suchen Sie das Spiel *Carcassonne* im App Store Ihres Mobilgeräts, und installieren Sie es. Es kostet aktuell 4,99 €.

2. Starten Sie das Spiel durch Antippen des App-Symbols. Sie werden von einem Dialog begrüßt, in dem Ihnen angeboten wird, ein Tutorial zu durchlaufen. Bestätigen Sie dies über die Schaltfläche **Ja** ❶. Sie gelangen im Tutorial stets weiter, indem Sie die Schaltfläche mit dem grünen Haken ❷ antippen.

3. Im ersten Schritt lernen Sie, wie man Straßen baut. Zunächst wird dabei ein Plättchen durch Antippen der hellen Platzhalterfläche ❸ ausgelegt und bei Bedarf durch weiteres Antippen gedreht. Dadurch ändert sich die Richtung des Wegs. Achten Sie beim Anlegen darauf, dass das Muster zum bereits auf dem Tisch befindlichen Stück passt. Bestätigen Sie die endgültige Position des Kartenplättchens durch Antippen des grünen Hakens.

Legen Sie Wegplättchen aus, und drehen Sie diese in die passende Richtung.

4. Nun wird schließlich der Gefolgsmann durch Antippen des soeben ausgelegten Plättchens platziert. Die Aktion wird erneut über den grünen Haken abgeschlossen.

Ein Gefolgsmann kann nach dem Auslegen auf dem aktuellen Plättchen platziert werden. Dabei müssen Sie überlegen, an welchen Weg dieser gestellt werden soll.

5. Der Gegner (in diesem Fall die künstliche Intelligenz bzw. der Computer) ist am Zug. Er schließt den Weg zu Ihrem Gefolgsmann, wodurch Sie drei Punkte erhalten, denn der Straßenzug, der bis zur nächsten Verzweigung

Sie erhalten Punkte, wenn Straßenzüge oder Städte abgeschlossen werden und Sie einen Gefolgsmann darauf platziert haben.

301

Am linken oberen Bildrand erscheinen stets Ihr Vorrat an Gefolgsmännern sowie die bereits erspielten Punkte.

reicht, ist »drei Karten lang«. Der Gefolgsmann wandert durch den Abschluss der Straße vom Spielfeld zurück in den Vorrat.

6. Sie sind erneut am Zug. Legen Sie ein neues Plättchen durch Antippen eines der hervorgehobenen Plätze aus, und drehen Sie es wieder passend. Im Anschluss an diesen Zug können Sie erneut einen Gefolgsmann auf das soeben ausgelegte Plättchen platzieren.

> **ACHTUNG**
>
> Klöster sind besonders wertvoll. Sie bringen nach ihrer Besetzung jeweils einen Punkt für alle angrenzenden Karten sowie die zentrale Karte.

7. Damit hätten Sie bereits die Grundzüge des Spiels gelernt, und Sie werden nun aufgefordert, die Partie zu Ende zu spielen.

Sie haben sich freigeschwommen und die wichtigsten Regeln des Spiels gelernt.

8. Am Schluss der Partie wird eine Endabrechnung durchgeführt. Dabei erhält jeder Spieler noch Punkte für unvollständige Straßenzüge bzw. Städte, die von einem Gefolgsmann besetzt sind. Hier kann es noch einmal signifikante Änderungen bei der Punkteverteilung geben.

Bei der Endabrechnung gibt es Punkte für unvollständige Objekte, die mit einer eigenen Spielfigur besetzt sind.

Kapitel 16: Spieleklassiker in digitalem Gewand

Es hat nicht gereicht: Der Computer hat gewonnen.

Um nun ein Spiel jenseits des Tutorials zu spielen, gehen Sie folgendermaßen vor:

1. Im Hauptmenü haben Sie die Wahl zwischen **Lokal** ❶ und **Online** ❷. Wenn Sie später mehr Übung haben, können Sie sich hier also auch für ein Onlinespiel registrieren und dabei per Internet gegen Spieler aus aller Welt antreten.

2. Im vorliegenden Fall spiele ich ein lokales Spiel. Um mir zu folgen, tippen Sie also bitte im Hauptmenü auf die Schaltfläche **Lokal**. Sie treten damit automatisch gegen einen Ihnen zugewiesenen Computergegner an. Über die +-Schaltfläche ❸ können Sie bis zu drei Gegner (Roboter) ergänzen, um das Spiel noch abwechslungsreicher zu gestalten.

Carcassonne

Fügen Sie Gegner zum Spiel hinzu.

3. Bestätigen Sie die Zusammenstellung der Gegner mit **OK**, und es kann losgehen.

Eine neue Partie gegen den Computer beginnt.

Carcassonne – die wichtigsten Regeln auf einen Blick

- Sie legen Plättchen so an andere an, dass sich Straßen oder (geschlossene) Städte ergeben.
- Sie platzieren anschließend Spielfiguren (sog. *Meeple*) auf den soeben ausgelegten Plättchen, um einen Anspruch auf das Gebiet zu erhalten.
- Wird durch Ihre Aktion ein Gebiet abgeschlossen, dann erhalten Sie oder der Gegner Punkte, falls ein entsprechen-

der Gefolgsmann positioniert wurde. Dabei wandern die Spielfiguren, die das Gebiet besetzt hielten, in den Vorrat zurück.
- Das Ende des Spiels ist erreicht, wenn der Kartenvorrat verbraucht wurde. Dann wird noch eine abschließende Wertung aller unfertigen Straßen, Städte und Klöster vorgenommen. Sieger ist, wer danach die meisten Punkte vorweisen kann.

Ihr Lieblingsbrettspiel als Computerspiel

Catan und Carcassonne sind nur zwei ausgewählte Beispiele – es gibt kaum ein Brettspiel, das nicht auf eine digitale Plattform übertragen wurde, mal mehr und mal weniger erfolgreich. Begeben Sie sich doch einfach einmal auf die Suche nach Ihrem persönlichen Lieblingsbrettspiel in Ihrem App Store. Sie werden mit Sicherheit fündig werden.

Mein persönliches Lieblingsbrettspiel ist *Das verrückte Labyrinth* von Ravensburger. Der Verlag selbst bietet eine Variante für Tablets bzw. Smartphones an.

KAPITEL 17
Spielen auf dem nächsten Level – Spielekonsolen und die virtuelle Realität

Sie haben nun sicher bereits eine Vielzahl von Computer- bzw. Smartphone-Spielen ausprobiert und fragen sich nun vielleicht, ob es noch eine Steigerung zu den Spielen gibt, die Sie kennengelernt haben. In der Tat, die gibt es! Dieses abschließende Kapitel gibt Ihnen einige Anregungen, wie Sie den digitalen Spielgenuss noch weiter ausbauen können.

»Und was spielst du so gerade?« – »Nennt sich *Das echte Leben* – ein Spiel mit fantastischer Grafik, aber mäßiger Story.«

Unbekannter Computerspieler

Eine Spielekonsole – wäre das etwas für mich?

Die Antwort auf diese Frage fällt durchaus vielschichtig aus. Sie sind ein Kandidat für eine Spielekonsole, wenn Sie die folgenden Aussagen bejahen können:

- Ich möchte topaktuelle Spiele auf dem großen TV-Gerät in fantastischer Grafik genießen.
- Ich möchte gemütlich auf dem Sofa sitzen, während ich spiele.
- Ich traue mir zu, mit einem typischen Controller für die Steuerung von Computerspielen zurechtzukommen.
- Ab und zu würde ich auch gern mit Freunden vor einem großen gemeinsamen Bildschirm spielen.

Kapitel 17: Spielen auf dem nächsten Level – Spielekonsolen und die virtuelle Realität

Sie sind eher kein Kandidat für eine Spielekonsole, wenn für Sie die folgenden Aussagen zutreffen:

- Ich möchte keinesfalls bis zu 70 € für ein topaktuelles Spiel ausgeben.
- Ich möchte auch nicht mehrere Hundert Euro für eine Konsole ausgeben, deren einziger Zweck darin besteht, Computerspiele wiederzugeben.
- Der typische Lärmpegel einer Konsole im Wohnzimmer würde bei mir zu Hause den häuslichen Frieden stören.

Nehmen wir im Folgenden an, Sie haben sich bereits positiv entschieden. Welche relevanten Konsolen bevölkern aktuell den Markt, und welche speziellen Vorzüge bieten diese? Die folgende Tabelle gibt Ihnen dazu Anhaltspunkte. Aktuell teilen sich die folgenden drei Geräte den Markt:

Name	PlayStation 4	Xbox one	Switch
Hersteller	Sony	Microsoft	Nintendo
Preis	ab 369 €	ab 279 €	ab 270 €
Exklusive Spiele (Beispiele)	Last of Us, Uncharted, Marvel's Spiderman, God of War	Halo, Battlefield 5, Cyberpunk 2077, Fallout 76	Mario Kart 8 Deluxe, Legend of Zelda, Splatoon 2

Welche besonderen Vorteile bieten die einzelnen Geräte, welche Konsole ist für welchen Spielertyp geeignet?

Beginnen wir mit dem Marktführer, der *PlayStation 4*, auch kurz *PS4* genannt.

Eine Spielekonsole – wäre das etwas für mich?

Die Sony PlayStation 4 – hier in der Pro-Version. Bildquelle: Sony

Die PS4 ist mit weltweit über 70 Millionen verkauften Exemplaren die meistverkaufte Spielekonsole überhaupt. Die aktuelle Variante der PS4 – die PS4 pro – verfügt über eine brillante hochaufgelöste Darstellung mit HDR-Technologie. Letztere sorgt in den Spielen für überaus kontrastreiche, lebendige Farben.

Die PS4 ist schon seit 2013 auf dem Markt – dementsprechend reichhaltig ist auch das Spieleangebot.

HDR ist eine Technik, die einen erweiterten Kontrastumfang bei der Bilddarstellung bietet.

Platz 2 in der Konsolenhitparade nimmt Microsofts *Xbox one* ein. Davon wurden insgesamt bislang 35 Millionen Exemplare unters Volk gebracht.

Die Xbox one X von Microsoft. Bildquelle: Microsoft

Kapitel 17: Spielen auf dem nächsten Level – Spielekonsolen und die virtuelle Realität

Die Xbox one X ist aktuell die leistungsstärkste Konsole am Markt.

Bezüglich der Hardware und des Preises spielen PlayStation und Xbox nicht ganz in einer Liga: Die Xbox one X ist die aktuell leistungsstärkste Konsole am Markt und kostet mit 500 € ca. 100 € mehr als die PS4 pro. Dafür ist das Spieleangebot bei der PS4 größer.

Fehlt noch eine etwas exotisch anmutende Konsole, die nichtsdestotrotz eine sehr große Fangemeinde besitzt: die *Nintendo Switch*. Der bekannte Konsolenhersteller Nintendo setzt hier auf ein außergewöhnliches Konzept: Die Switch-Konsole kann sowohl mobil als Tablet, aber auch in Verbindung mit einem TV-Gerät eingesetzt werden. Sie können also beispielsweise zu Hause in Konsolenmanier ein Spiel am Fernsehgerät beginnen und dasselbe Spiel kurze Zeit später unterwegs im Zug auf dem Bildschirm des Tablets fortsetzen. Die Controller, die zum Spielen benötigt werden, sitzen dabei seitlich am Tablet und lassen sich zum Spielen am TV-Gerät abnehmen.

Die Switch vereint drei Spielmodi in einem Gerät:
1. **TV-Modus**: Anschluss an ein TV-Gerät
2. **Tisch-Modus**: die Möglichkeit, mehrere Spieler an einem Spiel auf engem Raum teilhaben zu lassen
3. **Handheld-Modus**: der bekannte Modus, wenn man mit Smartphone und Tablet spielt

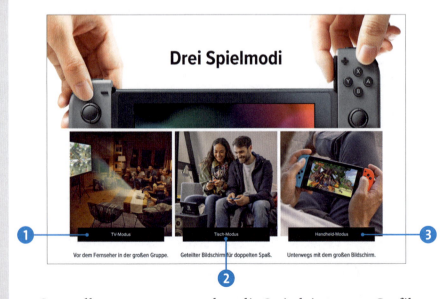

Bildquelle: Nintendo

Generell muss man sagen, dass die Switch in puncto Grafik sowie der technischen Möglichkeiten deutlich hinter der

PS4 oder gar Xbox hinterherhinkt. Dafür überzeugen hier geniale Spielideen sowie die vielfältigen Verwendungsmöglichkeiten, und auch der Absatz von fast 20 Millionen Konsolen innerhalb des ersten Jahres seit der Veröffentlichung 2017 spricht eine deutliche Sprache.

> **Retro-Konsolen – der neue Trend**
>
> Wenn Sie seinerzeit mit dem C64 bzw. der NES- und Atari-2600-Konsole aufgewachsen sind, dann dürfen Sie sich freuen: Mittlerweile bevölkern sog. Retro-Konsolen den Markt, welche die Spiele der »guten alten Zeit« enthalten. Für nicht einmal 100 € erhält man so oft Sammlungen von zig Spielen aus der Sturm-und-Drang-Zeit der Spielekonsolen. Sony hat zu diesem Zweck die *PlayStation Classic* auf den Markt gebracht, Nintendo erfreut die Retro-Gamer mit den *Switch Retro Gamepads*.

Die PlayStation Classic ist eine Neuauflage der Ur-PlayStation aus dem Jahr 1994 – in stark miniaturisierter Form. Sie enthält 20 Originalspiele. Bildquelle: Sony

Der Controller – das Herz einer Konsole

Wenn Sie das erste Mal Kontakt zu einer Spielekonsole aufnehmen, dann wird die Steuerung per Controller zunächst recht gewöhnungsbedürftig für Sie sein. Sehen wir uns doch einmal den Controller einer PS4 näher an. Sie finden dort folgende Schalter bzw. Knöpfe:

So herum halten Sie den Controller in beiden Händen.

Und so sieht er von vorn aus.

1. Steuerkreuz (besteht aus vier einzelnen Tasten)
2. Linker Joystick: steuert die Bewegung der Spielfigur.
3. Rechter Joystick: ändert die Blickrichtung im Spiel.
4. Tabletfläche: Sonderfunktionen im Zusammenhang mit Karten

5. PlayStation-Funktionstasten: Quadrat, Dreieck, Kreis, Kreuz. Mit diesen vier Tasten steuern Sie die wesentlichen Funktionen im Spiel.
6. Optionstaste: Hier lassen sich die Optionen eines jeden Spiels, z. B. der Schwierigkeitsgrad, verändern.
7. PlayStation-Taste: schaltet die PlayStation ein und wechselt aus jedem Bereich des Spiels ins PlayStation-Hauptmenü.
8. Share-Taste: Damit können Sie Screenshots oder Videos vom laufenden Spiel erzeugen.
9. Trigger-Links-Tasten (L1 und L2)
10. Trigger-Rechts-Tasten (R1 und R2)

Die Tasten werden abhängig vom aktuellen Spiel mit unterschiedlichen Funktionen belegt. Lediglich die Joysticks behalten ihre Grundfunktionen *Schauen* bzw. *Bewegen* bei. Die Trigger-Tasten werden in der Regel zum Abfeuern von Waffen oder zum Nachladen verwendet. Die Funktionen der einzelnen Tasten werden stets im Laufe des Tutorials, welches jedem Spiel vorausgeht, genauer erklärt.

Beliebte Konsolenspiele

Auf geht's zu einem kleinen Rundgang, der Ihnen einen Eindruck vermitteln soll, was mit einer Spielekonsole so alles möglich ist bzw. welche Inhalte dort bevorzugt gespielt werden.

Beginnen wir mit der kleinsten Konsole, der Nintendo Switch. Wie bereits erwähnt, wird diese in erster Linie wegen der wirklich genialen Spiele gekauft.

Mario Kart
Das beliebte Partyspiel!

In diesem beliebten Rennspiel können Sie gegen bis zu drei Gegner antreten. Insbesondere auf Partys erfreut sich *Mario Kart* größter Beliebtheit.

Zelda

Die *Zelda*-Reihe ist Nintendos Garant dafür, eine Spielekonsole nach der anderen absetzen zu können. Hier bewegen Sie einen kleinen schwertbewaffneten Helden durch eine fantastische Landschaft. Wenn Sie Freude an Abenteuern im Stil von Kapitel 10, »Die Jagd nach dem digitalen Diamanten – Abenteuer- und Rollenspiele«, ab Seite 175 haben, dann wird Sie Zelda begeistern!

Wechseln wir zur PlayStation von Sony. Die Titel, die Sie hier spielen, gehen schon als interaktives Kino durch. Die bildgewaltige Darstellung sucht ihresgleichen.

The Last of Us
Zombie-Horror vom Feinsten mit einer anspruchsvollen Geschichte

Im Zombie-Horror Schocker *The Last of Us* begleiten Sie ein junges Mädchen durch eine apokalyptische Welt. Die Atmosphäre ist so dicht umgesetzt, dass man sich wirklich in der Endzeit wähnt.

Uncharted
Auf Schatzjagd mit Nathan Drake

Freunde des Abenteuerspielfilms à la Indiana Jones werden an der *Uncharted*-Reihe ihre helle Freude haben: Sie schlüpfen in die Rolle des Abenteurers Nathan Drake, eines Nachfahren des bekannten Piraten Sir Francis Drake, und spüren Schätze aller Art auf.

Kapitel 17: Spielen auf dem nächsten Level – Spielekonsolen und die virtuelle Realität

Steep

Rauschen Sie per Snowboard, Wingsuit oder Gleitschirm durch fantastische Gebirgslandschaften!

Auch im sportlichen Bereich gibt es ganz exzellente Titel, wie z. B. *Steep*. Hier erforschen Sie originalgetreu per Ski, Snowboard, Gleitschirm oder Wingsuit ein beeindruckendes Bergareal.

Beliebte Konsolenspiele

Sie lieben Superhelden, haben als Kind immer davon geträumt, sich als Spider-Man durch die Hochhausschluchten von New York zu schwingen? Dann sollten Sie sich den aktuellen *Spider-Man*-Titel für die PlayStation ansehen. Dieser zeigt eindrucksvoll, was heute technisch im Bereich Computerspiel möglich ist.

Marvel's Spider-Man

Die Grafik und Technik des Spiels sind atemberaubend. Schwingen Sie sich als Spidey durch Hochhausschluchten!

Kapitel 17: Spielen auf dem nächsten Level – Spielekonsolen und die virtuelle Realität

Auf der Xbox treffen wir eine alte Bekannte aus der Frühzeit des Computerspiels: Lara Croft als Protagonistin im Spiel *Tomb Raider*. Dabei handelt es sich um ein Abenteuerspiel mit reichhaltiger Action. Sie benötigen hier gute Reflexe, um die Handlung unbeschadet zu überstehen. Aber keine Sorge, falls es einmal schiefgeht, können Sie dabei stets von vorn beginnen.

Tomb Raider
Gehen Sie mit Lara Croft auf Schatzsuche.

Tipps für Einsteiger an der Konsole

Wählen Sie in den Einstellungen stets den leichtesten Schwierigkeitsgrad. In diesem sog. *Touristenmodus* werden Sie Ihr virtuelles Leben selten verlieren. Sie erleben dann das Spiel als eine Art interaktiven Spielfilm.

Der einfachste Spielmodus in Marvel's Spider-Man nennt sich **Freundschaftlich**. Auch hier haben Sie noch alle Hände voll zu tun, um gegen die Bösewichte bestehen zu können.

Gehen Sie zu Beginn Schritt für Schritt durch das Tutorial des Spiels. Die meisten Konsolenspielehersteller verzichten mittlerweile auf eine gedruckte Dokumentation zum Spiel. Alles Wissenswerte erfahren Sie stets im Tutorial bzw. dem Einstiegskapitel des Spiels.

Wenn Sie bei kniffligen Rätseln oder Passagen nicht weiterkommen, dann ziehen Sie die *Let's Play*-Videos auf YouTube zurate, die es zu jedem prominenten Spiel gibt.

Die nächste Generation des Computerspiels: VR – virtuelle Realität

Haben Sie schon einmal Menschen gesehen, die merkwürdige klobige Brillen im Gesicht tragen, durch die Sie nicht einmal hindurchschauen können? Nun, das sind die Vorboten einer neuen Gattung von Spielarealen: der *virtu-*

PlayStation VR Headset
Bildquelle: Sony

ellen Realität – kurz: VR. Mittlerweile gibt es eine entsprechende Brille (Experten nennen diese auch *Headset*) unter dem Namen *PlayStation VR* als Ergänzung zur regulären PlayStation. Der ganze Spaß ist nicht gerade billig: Für die PlayStation-VR-Brille fallen zusätzlich zur dafür obligatorischen PlayStation 299 € an. Das Angebot an dafür geeigneten Spielen ist momentan auch noch nicht sehr üppig.

> **Das Faszinierende an VR-Spielen**
> - Sie sehen ein richtiges dreidimensionales, d. h. ein 3D-Bild, als wären Sie mitten im Geschehen.
> - Bei Bewegungen des Kopfes ändert sich das dargestellte Bild. Bei besseren Systemen bewegen Sie sich außerdem in einer Art Laufstall, in dem Ihre aktuelle Position verzögerungsfrei registriert und an das Spiel übermittelt wird. Das sorgt für ein schwer zu beschreibendes Mittendrin-Gefühl; Fachleute sprechen hier von *Immersion*.
> - Mit dem zusätzlich erhältlichen *VR Controller* haben Sie den Eindruck, als würden Sie ein echtes Schwert oder eine Pistole in Ihrem Abenteuer führen. Auch Laserschwertkämpfe à la Star Wars sind auf diese Art möglich.

Wenn Sie relativ günstig in die Welt der virtuellen Realität hineinschnuppern möchten, dann schauen Sie doch einmal, ob es für Ihr Smartphone eine günstige VR-Halterung gibt. Google bietet hier etwa die *Cardboard*-Halterungen an, Samsung die sog. *Gear VR*. Damit wird über das Smartphone-Display ein 3D-Bild erzeugt. Die Bewegungen Ihres Kopfes werden per Bewegungssensor verfolgt und ändern sofort das dargestellte Bild. Hauptanlaufquelle für VR-Titel ist der *Oculus Store*, der im Windschatten der bekannten VR-Brille *Oculus Rift* entstanden ist.

Die nächste Generation des Computerspiels: VR – virtuelle Realität

Sollten Sie jemals die Gelegenheit erhalten, eine derartige Brille bei Ihrem Nachwuchs in Verbindung mit einem Smartphone ausprobieren zu dürfen, oder spielen Sie gar mit dem Gedanken, sich selbst eine solche zuzulegen, dann empfehle ich Ihnen, damit in den eigenen vier Wänden spielerisch auf Weltreise zu gehen. Alles, was Sie hierfür benötigen, ist die bereits erwähnte VR-Brille (im folgenden Beispiel verwende ich die Samsung Gear VR in Verbindung mit einem Samsung-Smartphone), einen Zugang zum erwähnten Oculus Store und eine App namens *Wander*. Diese kostet aktuell 5,99 €.

Eine Samsung Gear VR-Brille mit Controller und eingebautem Smartphone. Die Brille kostet aktuell 129 €.

1. Stellen Sie zunächst sicher, dass Ihr Smartphone mit dem Internet verbunden ist.

2. Stecken Sie Ihr Smartphone wie in der Anleitung des Herstellers angegeben in die VR-Brillenhalterung. Daraufhin werden einige Programme, u. a. der Oculus Store, installiert.

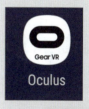

3. Nehmen Sie das Smartphone wieder aus der Halterung, und starten Sie die App **Oculus**. Suchen Sie nach dem Programm *Wander*, und installieren Sie das Programm durch Antippen des Preisschilds. Die Bezahlung im Oculus Store erfolgt am einfachsten über ein PayPal-Konto.

4. Fügen Sie die Brille wieder in die Halterung ein, und setzen Sie sie auf. Nach kurzer Zeit landen Sie im Hauptmenü der VR-Bibliothek. Klicken Sie mithilfe Ihres VR-Controllers bzw. des virtuellen Leuchtpunktes die Wander-App ❶ in der Bibliothekswand an.

Kapitel 17: Spielen auf dem nächsten Level – Spielekonsolen und die virtuelle Realität

In der VR-Welt navigieren Sie mithilfe eines Controllers.

5. Die App startet und befördert Sie sogleich an einen zufällig ausgewählten Ort. Hier können Sie sich per Kopfdrehung umschauen. Die Fortbewegung erfolgt nun einfach dadurch, dass Sie mit dem Controller den blauen Punkt ❷ an eine andere Stelle der Landschaft bewegen und anschließend darauf klicken.

Machen Sie einen Spaziergang vor der Kulisse des Matterhorns …

6. Sie möchten sich an einen anderen Ort »beamen«? Kein Problem! Klicken Sie einfach das Mikrofonsymbol ❸ an, und geben Sie den neuen Zielort per Spracheingabe ein, also beispielsweise »Eiffelturm Paris«. In null Komma nichts stehen Sie auf der oberen Plattform des Eiffelturms!

Die nächste Generation des Computerspiels: VR – virtuelle Realität

7. Klicken Sie nun einmal mit dem Controller auf das Kartensymbol ❹. Es öffnet sich eine Karte (der App *Google Maps*) mit der lokalen Umgebung. Hier können Sie auf eine der blau gekennzeichneten Linien oder einen blauen Punkt klicken, und Sie landen an exakt dieser Stelle im sog. *Google StreetView*-Modus. Gehen Sie dann auf Weltreise, ohne einen Fuß vor die Tür zu setzen.

...oder beamen Sie sich auf die Plattform des Eiffelturms! Von dort geht es dann per Street View durch die Straßen von Paris und, wenn Sie möchten, an jeden beliebigen Ort der Erde.

323

Stichwortverzeichnis

A

Abenteuerspiel
 grundsätzliche Regeln 181
Abenteuerspiele 175
Achtsamkeit 54, 119
Adobe Flash 21, 51, 220
Age of Empires 235
 Lernkampagne 238
 Marschieren und
  Kämpfen 239
 Rohstoffe beschaffen 243
 Tutorial 238
Air Hockey 267
Alleswisser 121
 Brettspiel 127
 Joker einsetzen 125
 Profil erstellen 124
Angry Birds 161
Apple App Store 30
App Store 30
Atari 21
Aufbauspiele 235
Autorennen 272

B

Babbel 135
Ballchaos 52
Ballerspiele 162
Baphomets Fluch 37, 175
 Inventar sammeln 180
Bauernhof, Simulation 219

Beach Buggy Racing 205
 PowerUp 208
 Steuerung 206
Big Farm 219
 bauen 222
 ernten 221
 säen 222
Bildung 121
Blackjack 71
Blendoku 42
Blindfeldrätsel 44
Bluetooth
 als Spielverbindung 276
Bounden 281
 Crosshair 283
 Tutorial 282
 Videotutorial 285
Brettspiele 72
Bridge Constructor 101
Browserspiel
 Bedeutung 20
 Browser Chrome instal-
  lieren 20
 Pong 21
Brücken bauen 101

C

C64 12
Carcassonne 299
 Endabrechnung 303
 lokales Spiel 304
 Onlinespiel 304

 Regeln 305
 Tutorial 300
Cardboard 320
Catan
 Ergänzungsmodule 288
 Spiel erstellen 298
Catan Classic 288
 Erweiterungspakete 290
 Handel 297
 Startbildschirm 288
 Tutorial 291
Catan das Spiel 287
Challenge Your Friends 269
Chrome 20
Computerspiel
 auf Smartphone und
  Tablet 29
 Hilfe im Internet 36
 im Browser 20
 installieren 24
 Kosten 33
 lokal 20
 Methoden zur Steuerung 32
 mobil spielen 29
 Werbung vermeiden 33
Controller 32, 311
 Funktionstasten 312
Cuphead 170
 Steuerung anpassen 172
 Tutorial 173

Stichwortverzeichnis

D

Dame 275
Das verrückte Labyrinth 306
Die Sims FreePlay 253
Doodle Jump 88
Doppelkopf 65
Downloads (Ordner) 21
DUAL 276
   Defend 281
   Deflect 281
   Duel 276
   Smartphones koppeln 279
Duolingo 138

E

Ease 119
Echtzeit-Strategiespiele 236
Edge 20
Erfahrungspunkte 261
E-Sport 189

F

Farbenkampf 274
Farmville 14
Firefox 20
Flash 20, 51, 220
   Probleme lösen 24
Flipper 76
   auf dem Smartphone 78
   im Browser spielen 77
Forge of Empires 246
   Browserversion 246
   Gebäude errichten 248
   kämpfen 252
   Mobilversion 252
   Rohstoffe produzieren 249
   Tutorial 247
Forge-Punkte 250
Free to play 219, 245
Free-to-Play-Spiele 33
Fußball 194

G

Game Boy 14, 105
Game Pad 32
Gear VR 320
Gefahren durch Computerspiele 17
Gehirnjogging 55
Gehirnleistung testen 49
Gehirntraining 51
Geografiespiel 134
Geschichte der Computerspiele 11
Gleitschirmsimulator 214
Glow Hockey 267
Goat Simulator 230
Golf 194
Google Maps 323
Google Play Store 30
Grimmige Legenden 83
Grim Tales 82
   Der Erbe 83

H

HDR 309
Highscore 82
Hilfe zu Spielen 36
Hill Climb Racing 164
   Steuerung 165
Höher-Niedriger 273

I

Immersion 320
In-App-Käufe 95

J

Joystick 12, 32, 312
Jump-and-Run-Spiele 155

K

KaraFun 143
   Lautstärkeregler 147
   mobile Version 147
Karaoke 143
   Programm auf dem PC installieren 143
Kartenspiele 59
Kawashima 55
Key 113
Killer-Sudoku 42
Kintsukuroi 90
Klaviatur 149
Klaviermelodie 148
Klavierspielen lernen 150
Klondike 60
Konsole → Spielekonsole 307
Kosten für Spiele 33
Kreuzworträtsel 42
Kunst am Computer 112

Stichwortverzeichnis

L

Labyrinth 30, 86
Landwirtschaftssimu-
　lator 225
Lara Croft 318
Laserschwertkämpfe 320
Leo's Fortune 167
Let's Plays 37
Let's-Play-Videos 319
Lite-Version 33
Loops 154
Low Pop 57
Lumino City 182
　Notizbuch 185, 186

M

Machinery 98
Map Quiz 134
Mario Kart 314
Mathe-Test 275
Meeple 299
Mekorama 92
Memorado 49, 119
　App 52
Memory 45, 273
　Smartphone-App 47
Mensch ärgere Dich nicht 73
Microsoft Solitaire Collec-
　tion 60
MIDI-Modus 152
Minigolf 189
　*Übersicht über die Schalt-
　　flächen* 191
MMOG 245
Modelleisenbahn 226

Monkey Island 13
Monument Valley 37, 88
Moorhuhn 24
Mühle 72
Multiplayer-Spiele 267, 276
　lokal 276
Multitrack-Synthesizer 154
Musik 139
Musikratespiel 139
Must Sort 58

N

Neigungssensor 31
NeuroNation 56
Nintendo Switch 310
　Spielmodi 310

O

Oculus Rift 320
Oculus Store 320

P

Pac-Man 12
Panoramical 112
　Screenshot 114
　Steuerung 113
Paragliding Simulator 214
　Steuerung 214
Patiencen 59
　Regeln 60
PayPal 145
　*Erklärung Bezahlvor-
　　gang* 145
Perilous Path 57
Piano Melody 148

Platformen 271
Playlisten 141
PlayStation 4 308
PlayStation Classic 311
PlayStation-Funktions-
　tasten 313
PlayStation VR 320
Point-and-Click-
　Adventure 96, 175
Poker 66
　Beispielrunde 68
　Bet 69
　Check 69
　Fold 69
　Kartenwerte 66
　Meet 69
　Regeln 66
Pong 11, 21, 274
Power Memory 53
Profil erstellen 50
Proteus 109
　Steuerung 111
PS4 308
PS4 pro 310
Punkte und Quadrate 274
Pure Sudoku 41
Puzzlespiele 79
　mit Zahlen 79

Q

Quest 251
Quests 266
Quizduell 130

Stichwortverzeichnis

R

Rennspiele 205
Retro-Konsole 311
Riptide GP 210
Rollenspiele 175
Rote Hände 273

S

Sample 153
Schach 74
   per Browser spielen 75
Schach und Matt
   Schachlernspiel 74
Schlagzeug spielen 151
Schwedenrätsel 43
Senioren Zocken
   YouTube-Kanal 38
Shoot'em Up 170
Siebzehn und vier 71
Siedler von Catan 287
Silver Gamer 16
Simfinder 265
Simoleons 261
Sims 253
   Bedürfnisse erfüllen 260
   Charakter erstellen 255
   Home Store 258
   Kameraführung 255
   Tutorial 254
Simulationsspiele 219
Skat 64
   mobile App 64
Smartphone 29
Solitaire 59
   Tipps 63

SongPop 139
SongPop 2 140
Spacebar 114
Space Invaders 12
Spider-Man 317
Spiel
   im Startmenü starten 25
   vom Desktop aus starten 25
Spiel des Jahres 287
Spielekonsole 34, 307
   Tipps für Einsteiger 319
Spielekonsolen
   Übersicht 308
Spielertypen 35
Spiele zur Allgemeinbildung 121
Sportspiele 189
Sprachen lernen 135
Steam 27, 109, 112, 115, 170, 236
Steep 316
Steuerung durch Neigungssensoren 86
Stickman Soccer 194
   Steuerung 196
   Training 195
   Turnier 198
Strategiespiele 235
StreetView 323
Stumme Karte 134
Sudoku 39
Sudoku Meister 41
Super Mario 155
   Browserspiel 156
   Steuerung 156
Super Mario Run (App) 158

T

Tablet 29
Tanzspiel 281
Tennis 200
Tetris 105
   Browservariante 106
   Smartphone-Variante 108
   Tipps 107
Texas Hold'em Poker 67
The Last of Us 315
The Room 95
Threes 82
Tic-Tac-Toe 124, 275
Tilt 77
Tomb Raider 318
Tonstudio 148
Touristenmodus 319
Train Go Zugsimulator 226
Trigger-Tasten 313
Trivial Pursuit 121
Tutorial 319

U

Übelkeit 110

V

VCS 2600 12
Verwirrende Farben 52
Vier gewinnt 275
Virtua Tennis Challenge 200
   Match 203
   Perspektive der Darstellung ändern 204
   SPT World Tour 203
   Training 201

Stichwortverzeichnis

Virtuelle Realität 319
VR 319
VR Controller 320

W

Walk Band 151
Walkthrough 36, 181
Wander (App) 321
Wer wird Millonär?
  (Quiz) 130
Wer wird reich
  Joker 129
  Quiz 128

Wimmelbild
  Spielprinzip 85
Wimmelbilder 82
WLAN
  als Spielverbindung 276
Wonderputt 190
Word Fresh 56

X

Xbox one 309
Xbox one X 310

Z

Zahlenkreuzworträtsel 43
Zelda 314
Zen Bound 115
Ziegensimulator 230
  Steuerung 232
Zium Museum 115
  Steuerung 118
Zugsimulator
  Perspektive ändern 229
  Strecken bauen 226
  Zug fahren lassen 226

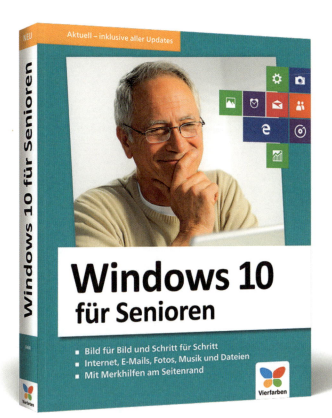

»Lesefreundlicher Großdruck, komplett in Farbe!«

407 Seiten, broschiert, in Farbe
19,90 Euro
ISBN 978-3-8421-0468-6
www.rheinwerk-verlag.de/4671

Der ideale Windows-Lernkurs für Späteinsteiger!

Windows 10 mühelos Bild für Bild und Schritt für Schritt erlernen! Das wünschen sich sicher nicht nur Einsteiger der sogenannten Generation 50 plus. Diese Anleitung zum aktuellen Windows ist dabei nicht nur sehr verständlich geschrieben – zahlreiche Kurzzusammenfassungen, komfortable Merkhilfen und wichtige Hinweise zur Sicherheit sowie zu möglichen Stolperfallen machen diesen Lernkurs zu einem Vergnügen für alle, die sich Windows und seine Möglichkeiten ohne weitere Hilfe aneignen möchten.

Alle Windows- und Office-Ratgeber:
www.rheinwerk-verlag.de/computer-office

»Handlicher Ratgeber für Einsteiger, der auch dem fortgeschrittenen Nutzer noch ein paar Kniffe verrät.«

– Social Media Magazin

136 Seiten, broschiert, in Farbe
9,90 Euro
ISBN 978-3-8421-0435-8
www.rheinwerk-verlag.de/4625

Einfach starten und alle Möglichkeiten von WhatsApp nutzen!

Alle Welt nutzt WhatsApp, den Messenger zum kostenlosen Versand von Nachrichten, Fotos und Videos. Aber nicht nur das: mit WhatsApp können Sie in der Familie und in Freunde-Gruppen in Kontakt treten, per Bild telefonieren und nun sogar mit Firmen und Lieferanten kommunizieren. Doch wie richtet man sich ein Profil in der App ein, wie behält man den Überblick über seine Chats, und wie lassen sich unerwünschte Kontakte blockieren? Dieses Buch leitet Sie leicht verständlich durch alle Möglichkeiten.

Ausführliche Leseproben zu allen Büchern:
www.rheinwerk-verlag.de

»Kreativ sein mit Formen, Farben, Text und Fotos«

285 Seiten, broschiert, in Farbe
19,90 Euro
ISBN 978-3-8421-0374-0
www.rheinwerk-verlag.de/4558

Die digitale Zeichenschule für jedermann

Jeder kann zum Künstler werden – ganz einfach am Computer oder Tablet mit Windows 10. Begeistern Sie mit individuellen Grußkarten, schönen Porträtfotos und DIY-Geschenken, und lernen Sie alles Wissenswerte für die Umsetzung eigener Projekte. Die Gestaltungsprofis Jörg Rieger und Markus Menschhorn führen Sie in den Praxisworkshops Schritt für Schritt ans Ziel. Und geben Ihnen für Ihre Projekte das nötige Know-how mit auf den Weg.

Jetzt bei uns im Rheinwerk-Shop: Buch, E-Book und Bundle!
www.rheinwerk-verlag.de